JN069059

シュタイナー教育入門

現代日本の教育への提言

Iwao Takahashi
高橋 巖

若松英輔 監修・解説

AKISHOBO

目次

第一章　ヨーロッパにおける教育思想の源流

――ギリシア・ローマ・中世の教育

遍歴する哲学者

精神史的なひろがりの中で、教育者としてのシュタイナーをどう位置づけすることができるのか、そのことを少し突っ込んで考えてみたいと思います。

非常に大ざっぱな言い方をしますと、ルドルフ・シュタイナーはヘレニズムの思想の継承者であると言うことができると思います。

まずそのことの意味を述べたいと思います。ヘレニズムの時代というのは精神史上大変重要な時代でした。現代との関連でヨーロッパの思想を考えるときにも、まずヘレニズムに焦点をあててみることが必要になってきます。なぜかといいますと、それは二つの点から言えることなのですが、第一は東西のるつぼであったという点です。ヘレニズムの時代に東洋の思想と西洋の思想が初めて壮大な規模で出会いを体験したのです。

それから第二に、現代の社会状況とヘレニズム時代の社会状況とは非常に共通しているのです。

恐らく遠い将来、世界の精神史上の大きな転換期というものを探るとしますと、ヘレニズムの時代と二十世紀後半のわれわれの時代とは特記されることになるかもしれません。

そこでまず第一の点についてですが、ヘレニズム時代の文化は紀元前四世紀後半のアレキサンダー大王にまでさかのぼります。アレキサンダー大王の先生はアリストテレスという大哲学者でした。アリストテレスという世界で最初に総合的な学問体系を構築した大思想家に個人的な薫陶（くんとう）を受けたアレキサンダー大王は、民族の次元を超えた普遍的文化の普及ということに関して最初に明確な意識を持ったのです。

世界文化を広めよう、自分の政治的権力をそのための道具にしようという発想でインドにまで遠征して、各地に自分の名にちなんだアレキサンドリアという都市を建設しました。プルタークによれば、その都市の数は七十に及んだそうです。そして、この大王が死んだ後、特にエジプトのアレキサンドリアがプトレマイオス王朝の首都として栄えるようになりました。そしてそこがヘレニズム文化の中心地となったのです。

このアレキサンドリアで東西文化の融合を図ったアレキサンダー大王の意図がもっともよく実現された、と言うことができます。

アレキサンドリアはご承知のとおり、エジプトの一番北の所にあります。ヘレニズム時代のこの大都市の中にはエジプト人地区、ギリシア人地区、ユダヤ人地区それからローマ人地区があり、それぞれの地区が互いに文化を競い、そして王宮の隣には「ムセイオン」がありました。ムセイオン＝ミュージアムは今は美術館のことになっていますが、ヘレニズム時代は一大文化センターのことで、ここには大講堂、散策のための庭園、実験室、動物園、植物園、そして古代最高にして最大の大図書館もあったのです。そこにはあらゆる種類の文献資料が集中的に集まっていたのですが、大火災を起こして、無数の貴重な文献が焼けてしまったものですから、われわれの知っている古代の文化は、断片的なものでしかなくなってしまったのです。

もしアレキサンドリアの大図書館の資料が全部現存していたとしたら、古代に対するイメージはずいぶん違ったものになったはずです。

世界地図を開くと分かりますが、ペルシア湾とインド洋とは隣接しています。紀元一世紀ごろから、季節風を利用するようになると、この間だけでなく、インド洋と紅海の間にまで航路がもうけられるようになりました。すでにそれ以前にもインド、ペルシア、ギリシアを結ぶ道路が整備されました。エジプト、ギリシア、パレスチナ、南ヨーロッパは同じ地中海世界の一部分です。その地中海を中心にした周辺のいろいろな所からも当時さまざまの文化的役割を担った人たちがこのアレキサンドリアにその名声をしたって集まって来ました。

当時の哲学者や思想家は、今と違って自分の書斎に閉じこもって研究にふけるということはしませんでした。みんな遍歴者でした。さすらい人として各地をさまよいながら、これはという人物に出会うとそこで教えを受け、そしてこれはと思う若者がいれば自分の思想を伝授するということを行なったのです。

ピタゴラスもそうですし、イエス・キリストも、彼と同時代の大霊能者、テュアナのアポロニウスもそうです。プラトンもアリストテレスも遍歴する哲学者でした。

例えば二階に閉じこもって、一階から二階に通じるはしごをはずして、だれも上にあげないようにして、こつこつ勉強するという雰囲気は、ルネサンス以後のものです。あるいはもっとさかのぼれば、中世の修道院生活の名残です。

レンブラントが「哲学者」というテーマで有名なエッチングや油絵を制作しています。書斎に閉じこもって何もないがらんとした部屋の真ん中に机を置いて、そこで古文書をひもといている絵です。ああいう哲学者のイメージというのは新しいものであって、古代ではみんな、いわば足で哲学したのです。

そこでこのアレキサンドリアにはインドやペルシアからも偉大な行者がやって来ますし、アテネやスパルタのような古代ギリシアの学問の中心地や新興文化の中心地ローマからも哲学者がやって来ますし、パレスチナからはユダヤの宗教家、エジプトからはピラミッドで秘儀を授けられた導師たちもやって来ます。そしてそこに一種の「折衷主義」の文化を生み出していきます。

折衷主義の発想

そこでまずこの折衷主義を考えてみたいのです。折衷主義というと普通、二流の、または亜流の思想や文化のように思われています。いろいろなものを勝手に寄せ集めて、適当に良いところだけをとりあげるような立場です。折衷というとそのように悪くとりますけれども、しかし本当に生きた思想というのは、いつでも折衷主義なのです。例えばキリスト教というのは典型的な折衷主義の宗教です。あらゆる所から、いろいろと大事な宗教的要素を集めてきています。それから錬金術ということをこのごろよく問題にするようになってきましたが、これも典型的な折衷主義の発想でして、他の人が結びつかないと思っているものを集めてきて、融合してみせるから錬金術なのです。

火と水とか、水と油とか、結びつかないように思われているものを、強靭（きょうじん）な精神力でもって一つに結びつけることができるとすると、それを錬金術的行為というわけです。錬金術に限らず、普通の人がとても結びつかないと思うようなものを、結びつけて見せる能力、それが折衷主義の精神です。

はじめに言いました東西文化の融合は、折衷主義を前提にしなければ考えられません。

普通は、東洋人、西洋人という言い方をして、西洋人にはわれわれ東洋人の思想は分からないとか、われわれ東洋人には西洋人の思想は分からないとか、中国人には日本人の思想は分からないとか、あるいはわれわれ若者の言うことは老人には分からないとか、男の言うことは女には分からないとか、そういう言い方は折衷主義ではなくて、その反対です。自分を他から区別する立場なのです。

ところが折衷主義は、みんなが一緒になって理解できる立場をつくろうとします。この折衷主義の思想がアレキサンドリアに起こったわけです。

例えば有名なアムニオス・サッカスという思想家はインドからはるばるアレキサンドリアどころか、ローマにまで旅を続け、そして自分の教えは文章に書き残してはいけない、自分の教えは口伝（くでん）として、耳で聴いて身につけてもらいたい、と言って、神秘学の教えを伝えました。

仏陀（ぶっだ）もイエスもものを書きませんでしたが、アムニオス・サッカスも文章を書かず、もっぱら口伝によって弟子を養成したのです。この人はインド人で、最近の学者、例えばエルンスト・ベンツによりますと、サッカスというのは、シャカ・ムニのシャカ族のことだ、シャカとサッカスは同じだと言っています。

このインド人が一人の素晴らしい弟子を養成しました。その弟子がプロティノスです。

アンモニオス・サッカス、プロティノスの系統、この系統の流れを引いているのがルドルフ・シュタイナーということになります。

そしてアレキサンドリアにおける東西文化の融合というのは、もう少し突っ込んでその内容を考えてみますと、インドのサーンキャ哲学、ペルシアのゾロアスター教、ギリシアのソクラテス、プラトン、アリストテレスの大きな哲学的伝統、それからユダヤの神秘主義、グノーシス、エジプトの秘儀の伝統、それらがギリシア語という哲学的に洗練された言語を媒介として一つに融合されたという大変な折衷の産物だったのです。

そしてこの時代を知ることが現代人にとって大切なのは、現代も同じように再び東と西が融合を求めている時代だからです。

今の時代は古代と違い、ＴＶとかラジオとか新聞とかというマスコミによる大量な情報がいたるところに流れているのですから、昔とは比べものにならないくらい、世の中の出来事が世界中の人によってすぐに受け取れるようになっています。

たとえ足を使わなくても、自分の住居地の中でひとりひとりは世界の文化を知ることができるようになってきていると同時に、自国の文化の中だけでは安住できなくなっています。

ヨーロッパ人やアメリカ人が東洋の思想や禅やヨガを自分の問題として勉強するように

なり、東洋人の方も何とか近代文化やテクノロジーをもっと身につけなければというので、いわゆる先進国に留学に行きます。すでに一世紀以上に亙って続いているこうした状況の中で、その内容がどういうものかまだ分からないにしても、新しい一つの総合文化への漠然とした予感が、みんなの中に生まれつつある一方で、途方もない破局にいたる戦争がいつ起こるか分からないという大きな不安もあります。実際二十世紀の終わりから二十一世紀の初めにかけて、どんな破局が生じるか分からない状況に今、われわれはいるわけです。ナチスのイデオロギーが新しい衣装をまとい、巧妙な戦術をもって日本に入って来たとすれば、われわれは知らず知らずのうちにその中に引き込まれてしまいかねないような社会状況もできています。そうしますと、古代末期のヘレニズム時代の爛熟（らんじゅく）期を迎えた文化の状況と非常に似てくるのです。

いずれにしても、莫大な文化の遺産を抱えた世界がその文化の諸要素を融合せざるをえないようなところにまで来ていて、そして他方ではその融合の中で、世界終末への不安をもち、その破局を何とかして回避しなければいけないという危機意識もあるという点では、アレキサンドリアの時代と現代の時代とは非常に似ています。

なぜはじめにこういうことを申し上げたかというと、「シュタイナー教育」と呼ばれているルドルフ・シュタイナーの提示した教育思想は、今私が簡単に言いましたことを全部踏まえているからです。そのことをまず考えておきたいのです。

文化への深刻な危機感と、それから折衷主義的な融合の発想とが、シュタイナー教育の中に典型的に現われているのです。

さてこれから申し上げる問題は、以上の点を踏まえて、ヨーロッパの教育の流れをシュタイナーがどのようにとらえ、その中で自分をどう位置づけようとしたかという問題です。

ギムナストによる教育

そこでまず、シュタイナーが眼をつけたのは古代ギリシアの教育です。教育史上古代ギリシアの意味がどれほど大きいかは、今でもいろいろな教育学者が自分の立場の原点をギリシアに求めていることからも明らかですが、その一つの例として岩波新書の『教育入門』を挙げておきます。これを書いたのはレスター・スミスという教育学者で、こんな文章があります。

古代法のヘンリー・メインは次のようにいった。「この世界の中で動いているものは、すべてギリシヤに起源を持つ」。こんにち、教育についてのすぐれた創造的な思想のいくつかが、古代ギリシヤの哲学を深く研究した、ウィリアム・テンプルとか、アーネスト・バーガーとか、リチャード・リヴィングストンとかいう人によって展開されたのは、たしかに注目すべきことだ。古代世界が二〇世紀の社会の理解にこんなふうに役立つとは、不思議なことのように思われよう。が、プラトーやアリストートルがたいへんはっきり考えてみた問題は、いま、われわれが取り組んでいる問題と、多くの点でおなじものなのだ。そういう意味で彼らは、最近の思想家たちよりもはるかに大いに現代的なのだ。リヴィングストン卿が語ったように「現代性、新しさというのは、時代の問題ではなくて、まったくその見方の問題なの」である。

こういう考え方というのは到るところに存在しています。教育だけでなく、芸術の歴史を扱った文章にも倫理学の歴史についての文章にも、自然科学の分野でも、いつもギリシアに帰る必要が強調されています。教育の分野でも例外ではない、とこの本の著者ははっきり述べています。ところが、それではギリシアの教育の一番の本質は何かということになりますと、その受けとり方は実にさまざまです。

いろいろな人がいろいろなことを言っています。この本のスミス氏の場合は、成人教育の必要を論じているところで、ギリシアが出てきます。ギリシアというのは一つの総合的な文化で、子供の教育だけではなく、大人の教育も考えていた、その点でギリシアの教育を考えることが重要だ、とここでは書かれているのです。

それでは、今述べましたヘレニズムの発想の上に立っているシュタイナーは、ギリシアの教育について何と言っているのでしょうか。

ギリシアの教育の一番大事な問題点は、ただ一つ、それは「ギムナスト（Gymnast）による教育」ということだ、とシュタイナーは言っています。ギムナストとは辞書を引くと出ているように、体育の教師という意味です。シュタイナーは「体育教師が子供の教育をする」という観点が、ギリシア教育の一番本質的な部分だと言うのです。それ以外の教育の在り方なら他の時代にも見出せるのですが、体育をあらゆる教育の原点としてとらえる発想は西洋ではギリシア人によって初めて出され、そしてギリシア文化が滅びると同時に失われていった、というのです。それでギムナスト（あるいはジムナスト）という言葉ですが、これはもともとはジムナス（裸）に由来する言葉です。裸の教育ということなのです。

例えばこのごろよく見かけるボクシングの「ジム」というのはジムナジアムという言葉の略したものですが、これは体育館ということで、ドイツ語ですと、同じ言葉が「ギムナジウム」と発音されて、「高等学校」という意味になります。ギムナジウムを卒業した生徒が大学に通うのですね。しかし語源はともに同じギリシア語です。

そこで今考えたいのは、なぜギリシア人にとって体育があらゆる教育の原点なのか、ということです。これを考えると、非常におもしろい問題がいろいろと出てきます。

まず古代ギリシアの市民の子供は生まれてから七歳まで、家庭で育てられました。つまり神々によって、しかるべく選ばれた家庭に生まれた子供はお母さんと奴隷（というのはひどい言葉ですが）にゆだねられて育っていくのが普通だったのです。

周りのおとなが特別に教育を施そうなどとしないで、何の不安もなく家庭の温かい環境の中で、すくすくと育てるということにだれも疑問を持つ者はいなかったのです。

ご承知のとおり、古代ギリシアは「ポリス」（都市国家）の世界ですから、われわれと生活条件が違います。

どういう点が違うかというと、まず奴隷がいましたから、人手は十分にあったのです。第二に婦人の社会的地位は非常に低いものでしたから、婦人はいつも、朝から晩まで、自分の家でもっぱら家事にいそしんでいればよかったのです。その点でも人手は十分ありました。そのようないわばめぐまれた家庭環境の中で、子供は成長することができたのです。今ではそういうことができないので、幼稚園とか保育園がそれに代わる家庭環境、理想的な家庭環境を子供たちのために用意するという大きな役割を担うようになっています。

古代ギリシアではそういう必要がないので、自分の家で、もっぱら母親や奴隷が、子供たちを育てるというのが教育の当然の前提になっていました。そして七歳になりますと、子供たちは体育の先生（ギムナスト）の下に送られるのです。ギムナストは、自分の手元に引き取った子供たちの肉体の中に、ギリシアの言葉でいえば「神々しいほどの自然の美」が現われるように努めたのです。肉体の美しさを追求したのです。

こういいますと、現代の立場からはいくらでも批判が出てくると思うのですけれども、こういう発想の背景には、とても重要な、特に現代にとって重要な考え方が潜んでいるのです。

それはどういう考え方かといいますと、——この点について、シュタイナーは次のような説明を加えています。

園芸家が植物を栽培するときに根の手入れをしっかりしていれば、その植物は、おのずと葉を広げ、花を開かせ、豊かな実を結びます。そのように古代ギリシア人は若いときに肉体を健全に調和的に成長させておきさえすれば、人間の魂や霊性は、つまり人間の内的な能力は、おのずとそこから花を開かせる、と考えたのです。

ですから教育者は何をすべきかといえば、将来その子供の中から本当に美しい、本当に秀れた霊的能力や魂の素質が花を開かせるように、その根や土壌にあたる肉体とその環境を調和的に美しく整えてやるということでした。それが教育だと考えたのです。七歳から十四歳まで、あるいは十五歳までに「神的な自然の美しさ」がそこに体現しうるように、肉体を鍛えておけば、その子供は、後はほっておいても、おのずと秀れた人格をそこから芽生えさせていく、そういう考え方だったのです。

舞踊と闘技の教育

次にそれでは体育教師が子供たちにどういう仕方でその肉体を鍛えたのか、ということが問題になりますが、その方法は二つありました。一つはオルケステル（Orchester）、オーケストラの語源になっているオルケステルあるいはオルケスティクの教育です。オルケステルというのは、これは辞書を引くと出てくると思いますが、舞踊場です。踊りのための練習場です。オルケスティクというのは舞踊あるいは舞踏のことです。

まず体育の先生は踊りを子供たちに教えたのです。ギリシアの舞踊というのは一種の群舞です。独舞、一人で踊るのではなくて、グループで踊る群舞です。その群舞は、言葉、詩の韻律、それから音楽の拍子、リズム、音階、悲しみを表現する音階、明るい音階、それらの非常に複雑なさまざまの関係を通して、一種の「神殿の舞い」のような所作を、手足を通して表現しようとするものでした。

そして今のフォークダンスのように、輪舞も多くなされました。輪になって、例えばヘクサメーターというような短短長、短短長と続く韻律ですとか、ヤンブス（短長）、トロケウス（長短）、そういういろいろな韻律、リズム、それからテンポによって、子供たちは自分の体の動きを通して一つの大きな宇宙的な運動を体験することを学んだのです。

ギリシア悲劇を読みますといろいろなところに出てまいりますけれども、ギリシア人がどんなに踊り好きだったかということは、例えばディテュランボス（バッカス）の例からでもわかります。これは女性だけが集団で集まって、踊り狂うのです。お酒を飲み、手には蛇を持ち、その蛇をグルグル廻しながら、山を駆け登って、一種の祭りの行事ですけれども、それによって女たちの中に一種の脱魂的な状態が起こって、そして、そこに神々が降臨するという考え方、踊りによって一種の霊界からの通信をえようとする発想は、ギリシアに限らず、古代人の特徴ですけれども、子供たちの場合は、まず非常に秩序だった群舞を通して、一種の宇宙的なリズムを自分の身につけることを考えていました。

シュタイナーの言葉を使えば、「生命体」（つまり東洋の霊学でいう「気」の働き）をそれによって強めた、という言い方をしてもよいと思います。そして体育の教師は、子供たちの呼吸作用、血液の循環を正常に健全に発達させることに、いつも注意を向けていた、とシュタイナーは述べています。血液の循環が健全に発達していきますと、手足の隅々にまで神経が行き渡り、その結果、子供たちは楽器を非常に巧みに演奏することができるようになる、とギリシア人は考えていたというのです。特にキタ一ラやライヤ一などの弦楽器、子供たちは踊りを習うことによってその弦楽器を演奏する能力をも身につけます。それから呼吸を正常に発達させることによって、発声を同時に鍛えて、美しい言葉で語れるように、さらには歌えるように、体育の先生は配慮したというのです。

ギリシアにおける子供の教育にはこの点が一番重要だったのです。舞踊を集中的に学ばせ、踊りによって血液の循環、それから呼吸作用を健全に発達させます。そしてその肉体の発達に伴って、楽器の演奏もできるようにします。それから美しく歌えるようにします。そういう方向にまず子供を教育していくのです。そうすればどうなるのかというと、もしそういう形で肉体を健全に発達させていけば、その子供の中には必ず美しい魂と美しい霊性が人格として花を開かせる、という確信があったのです。現代の教育とは逆です。現代の教育では、まず六歳になった子供は小学校に引き取られ、すぐに「頭」の教育が始まります。頭の訓練をするために、知識をたくさん与え、それで、ものが分かり、理解力が豊かになるような方向に教育していき、そうなってはじめて人格が養われると考えています。ギリシア人は逆で、そういうことは一切おかまいなしに、ともかく肉体を健全に発達させる。そうすれば将来道徳的な問題にしろ、あるいは認識上の問題にしろ、それはほっておいても、おのずと花を開かせると考えていたのです。

方向が逆になっていたのです。大ざっぱにいって、それがオルケスティクということの教育上の意味です。

こういうことを申し上げますと、ルドルフ・シュタイナーがなぜオイリュトミー（R・シュタイナー『オイリュトミー芸術』イザラ書房 参照）を教育の原点に置いたかお分かりになると思います。教育オイリュトミーというのは、このオルケスティクの現代版だと考えれば本質がはっきり見えてきます。

第二は、パレストラです。パレストラというのは、今度は競技場です。運動競技、オリンピックで有名なギリシアにおけるスポーツの行なわれた場所のことです。パレストラでは子供たちは特に格闘技を習いました。そして格闘技を習うときは何が大切だったのかというと、手や足を宇宙のリズム、宇宙の気の流れに従って動かすということでした。それを一生懸命学んだのです。それによって、心の営みを一つの大きな宇宙の営みと一体化させますと、無意識に手足が自由に動いて、例えば、闘うときは相手がどう攻めてきたら、どう受けるかとか、相手のすきを見て、どう攻め込んでいくかということをわざわざ考えなくても、自由に、手足の方で勝手に動くことができるようになるというのです。まず無意識的に、心が自分の手足の隅々までを支配できるようになること、それから同時に、四方八方、自分の力が自由に及ぶことができるようにすること、例えば槍投げでしたら、一定の方向に自分の力をどう集中させるかとか、円盤投げ、走り幅跳び、そういうことも全部そうですけれども、力が最大限に特定の方向へ向かって流れていくための型の在り方、そういうものを闘技場で一生懸命、体育の先生が子供に仕込んだのです。それによって同時に子供たちは、大きな自然の流れ、大自然の法則性を身体で憶えていったのです。

無意識の教育

こういう形の教育というのは、「無意識の教育」です。現代の教育がもっぱら「意識の教育」だとすると、ギリシアの教育は無意識の動きを大切にした、と言うことができます。こうしよう、ああしよう、と頭で考えなくても、おのずと手足がしかるべき方向に動くという教育の在り方だったのです。頭を使わないで、練習を通して手足を繰り返し動かすことによって、型を身体が憶えるように仕込んだのです。ですから体だけでなく、魂にも「魂の骨格」というものが出来あがりました。現代の人間は、うっかりすると魂が軟体動物みたいになってしまっていて、しっかりした骨格が持てなくなります。頭は良いし、理屈も言うし、自由に対する感覚もあるし、民主主義ということもわきまえているのですけれども、ある種のルールとか、筋道とか、あるいは自分独自の魂の様式、スタイルのようなものがなかなか身につかないのです。なぜかというと、「無意識の教育」がほとんどなされていないからです。それがあるとすれば、せいぜい学校以外に音楽の先生のところでピアノを習うとか、バレーを習うとか、お茶や作法を習うとか、あるいはスポーツや武道を習うとか、そういうところで、かろうじて、そういう種類の教育がなされていますけれども、学校教育そのものの中に、「無意識の教育」というのはほとんどなされてないのです。

ところがギリシア教育では、始めから終わりまで、体育の先生であるギムナストが「無意識の教育」を、一方ではオルケステルの中での舞踊、他方ではパレストラにおける闘技を通して、子供たちの身体にたたき込んだのです。そういう形で身体の隅々にまで、自分の存在の調和というものを感じることができるようになってきたときにはじめて、調和した魂がそこから花を開かせるという考え方だったのです。楽器の演奏や歌唱も、それから数学、哲学の学習でさえ、今言ったことが前提になっていないと本当には身につかないと考えていたのです。

例えば自分の身体を幾何学的に美しい線を描いて動かせない生徒は、幾何学が学べないと考えたのです。そうすることのできた生徒なら、円を描くときのその円の美しさとか直線の美しさも、初めて認識できるが、その線の動きに少しも感情移入ができないような場合には、幾何学を学んでもおもしろくないだろうし、おもしろくなければ当然その勉強が進まないだろう、と考えたのです。

ですから、将来政治家になる人でも数学者になる人でも、今言いました体育の教師のもとでまず身体を鍛えるということを、七歳－十四、五歳まであらゆる市民が徹底して学ばされたということ、ここに教育の本質があったのです。

このことを考えますときに、どうしても問題になってくるのは、東洋文化との関係です。例えば今言いました格闘の技術を考えると、それは日本武道、合気道などで言われていることとほとんど同じです。やはり日本の武道でも呼吸を大事にして、腹式呼吸とか、あるいは正座することとか、それから型を大事にすることとか、そういうことを教えます。つまり東洋にも一つの「肉体文化」が伝統的に非常によく残っているわけです。今言いましたギリシアの教育の原点をそのように考えていけば、これも当然「肉体の文化」です。

それではギリシアにおける肉体の文化がいったいどういう形で生まれてきたのだろうか

と考えますと、これは何といっても古代東方から、東の方から移って来た、古代の「汎肉体文化」の一つの支流と考えるべきなのです。

　そうしますと、インドのヨガとか、ヨガの中でも座法（アサナ）とか、呼吸の仕方とか、そういうものと、ギリシアという、先程紹介した本の中でのように、「もっとも現代的」とヨーロッパの現代の教育学者が言っているヨーロッパ教育の原点とが、実は東方起源の肉体文化という点で互いに結びついているということが感じられるのです。

　東洋でも、まず身体を鍛えることが、思想を身につける基本になっていますから、まっすぐに座り、正しい呼吸をしますと、その呼吸の気の流れが、例えば足の先々にまで流れて行きます。そのことが霊的な体験の基本なのです。

　ただし、ヨーロッパでは座るときにいすに腰掛けまして、足の裏を床にくっつけます。足の裏を下に向け、そしてひざをまっすぐに立てるわけです。ところが、東洋の座法はあぐらにしろ正座にしろ、足は大地に対して水平にして、足の裏を上方へ向けます。東洋人はそのことに大きな宗教的意味を見出しています。そういう座り方一つとっても、あぐらをかくときの、左の足を上に重ねるのか、右の足を上にするのかによって、その修行の形態が違うとか、そういう細かい肉体の文化が東洋には非常に発達しています。

　ギリシアにおいても、それが一つの教育の方法論として、今言いましたような総合的な形で発達したのです。

ですから、ギリシアの教育は東洋の肉体文化を取り入れて発達したのだと言うこともできます。そう考えてみると初めて、古代ギリシアのあのなぞのような文化の高さの意味が見えてきます。いったい、なぜギリシアのような辺境な土地の、せいぜい二万人くらいしか人口のなかったアテネのような都市に、突然、あれほど偉大な人物が集中的に現われることができたのかは、なぞとしか考えられないのですけれども、そのなぞを解くには、ギリシアにおける教育の問題をどうしても考えざるを得ません。そしてギリシアにおいては、実に徹底して、七歳から十四歳までに肉体を高度な教育方法に基づいて鍛えたという事実を、その原因のひとつとして考えざるを得ないのです。

この教育史上決定的に重要な点について、シュタイナーは次のように述べています。「ギリシアの体育教師は、基本的には、次のような考え方を抱いていました。子供が健全に、かつ生き生きと七年間保ってきたものを、もし私が努力して、その子の一生涯、死に至るまで、存続させることができたとすれば、私は子供を一番立派に教育したことになる、と」

シュタイナーは、ギリシアの体育教師の理想とは「子供であることを一生涯失わせないようにすることだった」とも説明しています。「偉大な幼児性」とでも言いましょうか。

子供っぽさを失わせないように教育することを、体育の教師は考えていたのです。

それでは「幼児の力」を一生保つとは、どういうことなのでしょうか。シュタイナーによりますと、幼児の力は、生まれてから七歳まで子供の中で生き生きと目覚め、働いていたけれども、歯が生え変わる七歳から先になると、この「幼児の力」がだんだん眠ってしまい、そして十四歳のころには、自分の中に幼児の力が働いているとはとても考えられなくなってしまう、というのです。幼児の持っている何か輝きのような、光のようなものは、小学校に入っていくと、だんだん消えていきます。しかし、ギリシアの体育の先生の目的は、その幼児の持っているきらきらした部分を、七歳になってからも、毎日体育を通して生かしていくことによって、一生その力が働き続けられるようにすることだった、というのです。シュタイナーはそんなふうに解釈しています。

それでは、どうすれば、そのようなことが可能かというと、シュタイナーによれば、無意識の教育になればそれが可能になり、意識の教育になれば、必ずそれが失われてしまう、というのです。

例えば、日本の茶道でも、大切なのは、一切理屈を言わないで、ひたすら毎日練習することだといいます。ひたすら練習するだけというのは、どういうことかといいますと、お茶の精神が無意識のうちに、心とからだの中に刻み込まれるということです。そのような場合、その中に「幼児の力」が生き生きと働き続けるのです。

ところが茶道とは何かとか、そこにはどういう法則があるのか、とかということを教えて、年に一回か二回、試験をして、それを紙に書かせるということをしますと、その「幼児の力」は、知的理解力の方に使われて消耗し、結局は消えてしまうのです。

ギリシアの彫刻家は恐らく今の彫刻家のように、複雑な造形理論を持っていなかったかもしれませんが、その理論の代わりに、優れた「幼児の力」でフォルムそのものを生み出す力をはるかに生きいきと所有していたのです。

その結果、もう一つの大きな利点もそれに伴って生まれてきました。つまり現代人には信じられないくらいの記憶力を豊かに育てることができたのです。これは無意識の教育の大きな利点です。無意識の教育を授けるとき、子供たちは記憶力を非常に発達させます。それからペーパーテストみたいな形で子供を教育していけば、記憶は目に見えて衰えていきます。

もちろん、記憶力といっても、古代人の記憶力と現代人のそれとでは、まるっきりスケールが違っていて、古代人の場合には何十ページにもわたる書物の一字一句を始めから終わりまで覚えることのできるような記憶力です。

そういう記憶力も肉体を通しての無意識の教育に徹すれば可能になるというのです。

しかし現代のような理解力と知性の時代には、そういう無意識の教育はもはや不可能です。

ギリシアの童児神

ここにカール・ケレニーという神話学者と、カール・グスタフ・ユングという心理学者が二人で書きました『神話学入門』という本があります。この本は非常にセンセーションを引き起こした本です。現代における深層心理学の大家と、霊学的な発想に立つ神話学者とが神話の本質を共著という形で書いた本です。カール・ケレニーは数年前に亡くなりました。学問上の系統から言うと、ゲーテを非常に深く学びました。そしてゲーテのあと、母権社会の研究で有名なバッハオーフェンという神話学者の影響をうけ、それからニーチェの影響をうけ、さらにニーチェの親友で、やはりギリシア学者だったエルヴィン・ローデという学者の方法論を身につけて、そしてこのゲーテ――ニーチェ――エルヴィン・ローデ――バッハオーフェンの系統の神話学を現代に生かそうと思って苦労をした人です。ということはどういうことかというと、普通神話学というと、ほとんど文献学なのです。正確にギリシア語やラテン語を学び、正確に古典が読めるということが、神話学者の唯一の資格であるかのように考える立場が有力なのですが、ケレニーの立場は、そうではなくて、古代人の魂をどこまで正確に読み取るかということが大事だという立場なのです。そこで彼は文献学よりも、もっと魂の本質に深く触れる形の研究をしようとしました。

ニーチェもそうでしたし、エルヴィン・ローデもそうでした。そうしますと、文献学者の方は怒りまして、そういうのは学問ではないと言います。そういう学者同士の戦いというのは、今でも盛んなのです。

美術史の方でいいますと、例えば文献学に当たるのは真贋(しんがん)を見分ける能力ということになります。骨董(こっとう)屋のような眼が美術史家の唯一大切な資格になり、お寺に行きまして、これは室町のものであるとか、これは江戸初期のものであるとか、これは鎌倉までさかのぼるとか、見分けることが美術史家の能力だということになります。しかし、その作品にどういう精神的な意味があるかと考え始めると、もうそれは美術史でないという形で嫌われるという、そういう傾向があるのです。今はそういう文献学的、実証主義的な方法と、それから精神史的な方法とが、いたるところで、衝突している時代ですけれども、ケレニーは、神話学の中で精神史的な方法を取ろうとしている指導的な学者のひとりなのです。この本はその人と深層心理学のユングとが一緒になって、ギリシア神話を通してギリシアの魂を探ろうとした本です。

前半の大部分は「童児神」についての記述に費やされています。童児神の問題というのは先程の「幼児の力」とまったく同じです。ギリシア人がどのくらい童児神＝「子供としての神」を大事にしたかということを、この本は実に見事に論じています。例えば、「幼児は限られた意識範囲を越える生命力である」と言っています。言い換えれば、一面的になってしまった、明るい意識では知ることのできないさまざまな道、さまざまな可能性の擬人化だというのです。擬人化とは人間にたとえて言うことです。自然の奥深さを一つの全体として体現する「幼児」は、人生における最も強力で、最も抵抗すべからざる衝動、つまり自己実現の衝動の擬人化だと言うのです。ユングに言わせますと、幼児の力とは、自己実現への衝動のことなのです。この本はそういうことに関していろいろと述べています。例えば、アポロン、ヘルメス、ゼウス、ディオニュソス、これらの神々はみんな童児神として考えられていました。神話の中で繰り返して出てくるこういう童児神の中に、人間が今見失ってしまった根源的な力、本来人間が自分の中で実現すべき能力、しかも現在、人間が実現できずにいる能力に対する予感とあこがれの集中的な表現がある、そういうことをここで言っているのです。ちょっと余談になりますけど、シュタイナーに決定的な影響を与えたブラバツキー夫人という十九世紀の神秘学者がいます。ロシア生まれの天才的な女性で、「神智学」を創始して、いろいろな人に影響を与えた人物です。

そのブラバッキーが晩年に『神秘教義』という大きな三巻本を書いています（もとは二巻なのですが、彼女の死後秘教篇が一巻加わって三巻になっています）。その中にサナート・クマラという言葉が出てくるのです。クマラというのは、子供という意味です。サナートがつくと、若者という意味になるそうですけれども、問題はクマラという言葉です。京都の鞍馬山の管長さんは、クラマはクマラがなまってできたのだと主張しているそうです。クラマ山の信仰は、ブラバッキーの言っているサナート・クマラの信仰だというのです。これは日本における童児神信仰の一つだと言えると思います。

その管長さんは、もう亡くなられたそうですが、実際、クラマ山には火祭があり、子供たちが松明を持って行列します。それから有名な牛若丸の伝説から鞍馬天狗の角兵衛獅子の子にいたるまで、稚児とか子供のイメージは、「幼児の力」を感じさせます。弁慶は大人ですが、無垢なる幼児の力が京都の五条の橋の上でその大人の意識的な力に打ち勝つわけですね。そういう神話類型が日本にも、例えばそういう形で残っています。ギリシアでは、教育の原点にこの「幼児の力」をまず置きました。シュタイナーがこのことに注目しているのは、非常に興味のあることだと思います。ギムナストという体育の教師の教育理想、それをシュタイナーは現代の教育に生かすために、オイリュトミーの必要性を説いたのです。

オイリュトミーによって、ギリシアの教育理想を現代にふさわしい仕方で取り戻そうとするのですが、果たして取り戻せるかどうかが問題です。こういう問題意識をオイリュトミーの先生が持っているかどうか知りませんが、ここのところを徹底的に考えませんと、恐らく、オイリュトミーの教育的意味がはっきり出てこないのではないかという気がするのです。

レトールの理想へ

次に申し上げたいのは、このギリシアの教育理想が、もっと後の時代になると、ヨーロッパでどう変化していくかということです。ヨーロッパの歴史からいうと、次の大きな文化の継承者はローマです。ローマの時代から、民族移動を通して中世の時代に入っていきます。中世の発端を、八世紀のカロリンガ王朝のころに置く考え方があります。そうすると、七、八世紀あたりまでは、古代から中世への大きな過渡期ということになるわけですけれども、しかしローマの時代はまだ続きます。ルネサンスのころまで続くわけです。

そのローマ時代というのは非常におもしろい時代です。よく古典主義（クラシシズム）といいますが、一番最初の古典主義は、紀元一世紀頃のアウグストゥスの時代に始まりました。アウグストゥスの時代は一種の黄金時代とも言われています。この時代に古代ギリシアを模倣しようとする衝動が、古典主義となって、非常に強く起こってくるのです。

古代ギリシアといっても、特に前五世紀四世紀のアテネやスパルタの時代のことですけれども、この前五世紀四世紀のギリシアを模倣しようとする思想運動、芸術運動のことを、一般に古典主義とも、ルネサンスとも言っています。古典主義が最初に起こったのは紀元一世紀ごろのローマですけれども、その後カロリンガ王朝のカール大帝も古代ギリシアを模倣しようとして一つのルネサンス、「カロリンガ朝ルネサンス」を興し、それから、ロマネスク時代のドイツ皇帝の中にやはり、古代ギリシアを復興させようとする運動がありました。それは、「オットー朝ルネサンス」と言われています。

三回目に、あるいは、四回目に古代を復興させようとしたのが、有名な「イタリア・ルネサンス」です。ルネサンスという言葉も、何度か繰り返されてきたわけです。そして十五世紀になって、イタリア・ルネサンスの時代にも古典主義が起こり、十八世紀になってからもまたギリシア精神の復興運動である古典主義が興るという形で、現代まで古典主義復興が続きました。前に引用した『神話学入門』という本にも、教育におけるギリシア復興、教育における古典主義が語られていました。そんなふうに古典主義は、繰り返し、繰り返し興っているわけです。

ところが不思議なことに、そういう古典主義のどれを取っても、今言いました体育教師の理想だけはどこかへ行ってしまっています。どういう方向へ行ってしまったかというと、ギムナストの理想がレトールの理想に変わってしまったのです。

レトールというのは、レトリックの先生という意味です。レトリックは、弁論術とも修辞学とも訳されています。術と学ではまるっきり違うようですけれども、原語は同じです。いずれにしても相手を納得させるような表現をとるには、どうしたらいいかを知ることがレトリック本来の意味ですから、レトールというのは人を説得する術を教える教師ということになります。体育の教師ではなくて、今度は言論の教師です。

体育から言論へ、すでに、ローマのころに教育の方向がかわっていきます。その例として、クセジュ文庫の『フランス教育史』という本を取り上げてみます。これは、古代から現代までのフランスにおける教育の流れを大づかみに取り上げていますけれども、次のような一節が出てきます。

「ギリシア文化にたいする全面的な熱狂の一時期が過ぎると、ローマは、ヘレニズム教育の内容にも形式にも、ローマ自身の刻印をおした」。だんだん、ローマ化するようになってきました。「まず、ローマはラテン気質に合わないある種の教育を排除したり、改革したりした。音楽（つまり歌、踊り、楽器ですね）は、学科としてではなくして、気ばらしの手段として、見せ物として受け入れられた。体育ももはや、スタジアムや、パレストラでの競技やスポーツとしてはおこなわれず、蒸し風呂の技法として衛生的な機能をはたすものとなった」。全然違ってきてしまいます。「哲学や科学、ある程度までは医学も、いぜんとしてギリシア的なものであったが、法学は、ローマがもたらした最も独自な面を表わすものであった」。要するに、体育の花だけは取り容れたのですけれども、その根は取り容れなかったのです。「ところで、ギリシア人の手でもちこまれた学科のあるものは、時代を考慮して、さらに功利性を考慮して教えられた」。そこで生まれたのがレトリックであるというわけです。ですから、レトリックはもちろん、ギリシアに始まるもので、プラトンなどをお読みになれば、レトリックの問題がいろいろと出てきます。例えば、有名なソフィストというのは、市場に出ていっていろいろな人と議論しながら、自分の見解を披露する人たちで、その代表的な一人がソクラテスでした。しかし、ローマになると、このレトリックが教育の中心に置かれるようになります。「たとえばレトリックがそれであり、そのテーマは往々、海法、相続法、政治論争など、現実の問題から借用された」。こうも述べています。「ローマの青年は、十五歳から二十歳にかけて、雄弁を使いこなす術を弁論教師（レトゥール）のもとで、修めた」。ギリシアの場合には、七歳から十四、五歳まで体育教師のもとで体育を学んだのですが、ローマでは十五歳から二十歳のころに集中的にレトールによってレトリックが学ばれることになります。もちろんローマでも七歳からの教育がありますが、しかし、そのときには何を学ぶかというと、読み方、書き方、計算、暗誦など、基本的には今の教育と同じ教育をローマからするようになるのです。

このことにどういう意味があるのかというと、ローマの時代に人間の意識にかなり大きな変化が生じて、もはや、ギリシアのように、肉体と魂が一つだという考え方が成り立たなくなってしまったのです。ですから魂そのものを教育しようと考えるようになるわけです。

肉体だけが発達して、魂は発達しない、という一種のペシミズムが興ってくるのですが、そこにはキリスト教の影響も考えられます。キリスト教は、肉体と魂を分離させるのに、非常に大きな役割を果たしました。肉体の思想と霊の思想は、はっきり違うと考えたのです。肉体が発達すると、エゴイズムが強くなり、神の国から遠くなる、という考え方も出てきますから、魂そのものを純粋に育成しなければいけないと考えるようになってくるのです。

魂は肉体の影響をできるだけ受けずにすむように、そして肉体を支配できるように、という考え方が中世、またはローマから出てくるのです。ローマ時代には功利主義の立場から、社会生活を有効に営むのに、魂が肉体をどう支配したらいいか、と考えるのですが、中世になると、もっと宗教的になります。神の国を実現するために、魂が肉体をどう支配すればいいかと考えますから、今度は肉体に対しては禁欲とか、苦行とかが問題になってくるわけです。方向が逆転するわけです。

教育のレトリック

問題は、レトール、レトリックの精神についてですが、これは、日本ではほとんど意味がよく理解されていないのではないかという気がします。そのことを一番よく示す例として、林達夫という、日本の代表的な思想家の考え方があります。林氏には対談の名手といわれた久野収氏との対談録『思想のドラマトゥルギー』（平凡社）という本があります。非常にユニークな本で、明治以後われわれがヨーロッパから学び取らなかった部分をいろいろと教えてくれる本です。

そしてこの本の中のハイライトのひとつが、最後から二番目の章です。「レトリック・イン・アクション」と題され、もっぱらレトリックについて論じている部分です。

ここで、林さんが何を言おうとしているかというと、まさにローマにおける教育の理想であるレトールの本質についてです。

レトリックの思想は、残念ながら、日本にほとんど入ってきていません。しばしば日本人が、日本語で論文を書くとき、数十年前までは、何が書きたいのかさっぱり分からないような文章を読まされました。大衆作家ですと、もっとレトリックが発達していますから、読者を楽しませる方法をよくわきまえています。ですから読んでいて、思わず惹きつけられるのですけど、論文を読み終わって思わずのせられたなと思うような、そういう文体の例は案外少ないんです。それは、なぜかというと、明治以来レトリックについての教養が日本に受け容れられなかったからです。学者はもっぱら本を読んで知識を蓄えればいいと思っているのです。ところがヨーロッパでは、ローマ以来、知識を蓄えることが問題だったのではなくて、どこまで相手を納得させることができるかということが問題だったのです。それがレトリックです。ですから本当のレトリシャンというのは、仮に自分の立場が間違っていて、相手の方が正しい場合でも、話し合っているうちに、思わず相手がこちらの立場に引き込まれてしまうような、そういう能力を持っている人のことです。そして知識よりもそちらの方が精神の上で高いとされたのです。

これは、宗教生活においては常に言えることです。仏教では方便とか方便力とかいいます。「うそも方便」などという言葉だけが残っていますが、方便というのはレトリックということです。つまり、大事な問題を相手の中に受け容れてもらうためにはどうすればよいかを考えるとき、それによってその人の霊的力もまたためされ、明らかにされるのです。本当に霊感を受けた人間がその霊感を他の人に伝えようと思った場合、ただ自分は霊感を受けました、と主張するのでは相手は嫌な顔をするだけです。そのときにどこまでその霊的真実を相手に受け容れてもらえるか、これはもっぱらレトリックによる以外にないわけです。

そのような場合には、ただたくさんの知識を持っているというだけでは解決できません。

日本におけるレトリックの欠落

日本ではたくさん本を書けば、それだけで、学者としての資格があるように思われてしまいます。そこのところを林達夫さんは、実におもしろく書いているので、引用してみます。

久野　では……林さんに第一番に伺いたいのは、ギリシアの場合、言語の存在様式、つまりロゴスの存在様式が、ロジックとレトリックとグラマーという三本足から成っていますね。ところが、日本のアカデミーに哲学が入ってきた時に、グラマーは文法学の方にまかされ、哲学的文法学というジャンルは重視されないし、とくにレトリックというのは全く欠落してしまいました。この欠落が日本の哲学や思想にもたらしている影響は、非常に大きいと思う。ヨーロッパの精神的伝統の中で重大な位置を占めているレトリックというジャンルが、日本ではなぜ欠落してしまったのかという……

つまり、レトリックは日本では、教育の中でも十分に取り上げられていません。先生が教壇に立ったとき、子供たちに伝える技術というものがあまりないのです。ですから、うっかりすると、教壇をどういうふうに歩きまわればいいか、どこで声を張り上げればいいかなど、実に枝葉の部分でしか、そういうことが問題にされないのです。例えば気質論は、レトリックのうちの一番重要な部分になります。こういう気質の子供には、こういう話しかけをすべきだとか、教室の雰囲気がこうだったら、こう対応するとか、それから午前中の最初の時間には、こういう課目を教えればいいとか、そういうことはレトリックですが、教育はその辺から始めなければいけないわけですね。

例えば、子供の描いた金魚の絵が二つあるとします。その二つの金魚の絵には二人の子供の在り方が典型的に出ています。一方の子供は、ある方向に向かって金魚が泳いでいこうとする方向性をとてもはっきりと表現していますから、その子供は、何かやろうとする気持ちを金魚に託しているのですが、もう一方の絵では、金魚がどこかへ向かって泳いでいこうとするのではなくて、そこに一つの小さな家庭を営んで、その家庭の中で、温かく楽しもうという雰囲気が出ています。そうするとこの二人の子供に向かって話す話し方は、全然違ってこなければいけないわけです。後の方の子供に対しては、例えば物語だったら、冬、煖炉の中にパチパチ暖かい火が燃えているところで、家族みんなが集まって、こういうお話をしました、というような話をすれば、とても楽しく聞いてくれるでしょう。前の方の絵を描いた子供には、騎士道物語かなんかですね、パルチヴァルがどこかへ旅に出たときの話をしたらきっとよく聞いてくれるでしょう。それが、レトリックです。

こういう問題が現在の教育に欠落しているわけです。それで林さんに久野さんが、まずその辺がなぜ欠落してしまったのだろうかと質問しているわけです。そうしますと林さんは、「その問題は当の久野君が一番考えているはずだから、まず、自分で答えてくれるのが、本筋なんだけれども、ヨーロッパ精神史における教養的雰囲気みたいなものを、明治日本の全教育制度をもってしても、かもし出すことができなかった。そのことと大いに関連があります」と答えています。つまり、明治以後の近代アカデミズムの中に、実は本当の意味のヨーロッパ的な教養というものがなかったというのです。ですから軍部がだんだん勢力を占めるようになれば、日本のアカデミズムも軍部に協力するような思想しか生み出せないし、共産主義が権威を持ってくれば、昭和の初めのころ、共産主義的な発想が無抵抗にアカデミズムの中に浸透してしまう。そこには教養のかもし出す香り高い文化が、ほとんどなかったわけです。今でも、大学の中に香り高い文化というものはあまりなくて、学会に行きましても、どう質問して相手をやっつけることができるか、偉い先生に質問を浴びせかけて、その先生が立ち往生すると、自分の腕が一つ上がったといったような、言わば「修羅」のような雰囲気があります。ところがヨーロッパの学会ですと、いつもはなりふりかまわぬ女性の学者が薄化粧し、洗練された服装をして、いつも教室で見る先生とは違って一段と美しく見えたりして、実に楽しく、聴いている人を包み込むような研究発表をするんですね。それを聴いた学者も、それを受けて、相手の学者としての評価をうまく称えながら、実に見事な質問をしていきます。やりとりそのものにレトリック文化の香りが感じ取れるのです。

そういう部分がないと、学問に祝祭的な雰囲気が消えてしまうのですね。

教育学は説得術＝ソフィア

そこのところをまず林さんが指摘して、それから西洋の教育プログラム、教育理念がレトリックを中心とする部分と論証を中心とする部分の二つに分かれてしまった、と言っています。そして日本では、論証を中心とする教育の思想だけを西洋から取ってきた、という指摘がなされています。さらに、西洋の思想を考えるときに「説得」の立場に立つ人か、「論証」の立場に立つ人かを考えなければいけないと指摘しています。論証の立場に立つ人は、ともかく相手を打ち負かして、自分の立場がいかに正しいかを主張するのです。議論をして相手を打ち負かす方向です。それを弁証法とかアーギュメンテーションとかいいます。それに対して説得というのは、相手と自分の間の優劣の差を明らかにするのではなく、そんなことにはおかまいなしに、自分の一番大事なものを相手にどう受け取ってもらえるかを考えるのです。私は後者の知恵を「ソフィア」という言葉で考えています。「ソフィア」の場合、思想に愛があるのですね。ところが「ロゴス」というのは、いわば、思想に冷たさがあって、むしろ批判の方が目立つわけです。この点で根本的に二つの知の立場が考えられるとしますと、教育学は当然「説得術」＝ソフィアが基本になければいけないわけです。

そこでシュタイナーは、思想のためにオイリュトミーを、説得術のためにはシュプラーハゲシュタルトゥング（Sprachgestaltung）、「言語形成」を教師のために教えました。言語形成というのは言葉を正確に発音するところから出発するのですが、さらに子供と教師とのコミュニケーションをはかるための、言葉の問題を意識するところにまでいきます。

さて、そのレトリックの本質が対話にある、ということを、この本は述べています。「教育としての対話」というところでは、こんなことを言っています。

林　それから日本の場合、ロゴスの問題にしても、青少年の教育の生きた場で、人間形成におけるその役割の問題として取り上げていませんね。ギリシアではそれだったのに……

久野　自己完結的な真理追求のみがある。

林　その通りだと思う。実際の世界でのいわばレトリック・イン・アクション、フィロソフィー・イン・アクションという問題が欠落している。

久野　デカルトにしても、パスカルにしても、生き、働き、闘い、死ぬ術としての哲学ですね。そういう「術」としての哲学が軽蔑（けいべつ）されていて、「学」としての哲学ばかりがもてはやされる。

こんなふうな問答のあと、学と術というものを二つ区別すると、本当は学よりも術の方が精神的に高いんだというようなやりとりがあります。そして「レトリックの思想史は、哲学の思想史以上に幅も広く奥行も深いということの予感が、今の話し合いから僕もしてきました」という言葉で、この部分がまとめられています。

教育の死

ところでシュタイナーは、ヨーロッパの教育の流れを大きくとらえると、一、「ギムナスト」、二、「レトール」、三番目に「ドクトール」が来ると言っています。そして教育思想の流れが、ギムナストからレトールになり、最後にドクトールになったところで、教育は死んでしまったと考えています。なぜかというと、ドクトールの理想といえば、もっぱら知ることにあるからです。いろいろな知識を知ることができればできるほど、その人間は人間として完成している、と考えるようになってきたわけです。これが十七世紀あたりから二十世紀までの、ヨーロッパの思想の一つの大きな流れになっており、そして試験中心の日本の学校教育ではもっぱらこの部分だけが取り上げられたわけです。

ですから教師になるにはペーパーテストに合格すればいいのです。合格した人は、それだけで教師の資格があるわけです。それはもっぱら規準がドクトールの規準から来ているからです。肩書にドクターがあればなおさらいいというわけです。知識が他の人よりも余計あればあるほどいいというのが、教師の資格にも、役人にも、警察官にも、医者にも言えるのです。一言でいえば、近代社会の人間の理想はドクターにあることになります。教育も例外ではありません。そこでシュタイナーのそれに関連するおもしろい言葉があるので、引用してみます。

我々、人類がつくりあげた文化を身につけるために試験に合格しなければいけないという状況、そのために書物を前にして座って、そして訓練をするのではなくて、まるで拷問にかけるような手段で、何年も何年も読書にあけくれるという状況、そして、最後には、誰か知らない人に、それについて質問され、どれぐらい多く自分が知っているかを試され、そのようにしてはじめて自分自身が社会的に完全な人間だということを説明するという考え方、こういう状況をもし古代東方の人間が知ったとしたら、何というであろうか。おそらく、これ以上の愚かしさはないというに違いない。

つまり、近代的な発想は古代の常識で考えたら、考えられないくらいの愚かしさの上に成り立っている、というのです。この点こそルドルフ・シュタイナーにとっての「シュタイナー教育」の一番の原点だったのです。

そこで、ドクトール（またはドクター）を理想としている社会環境の中で、あらためてレトールの思想とギムナストの思想をどこまで取り入れることができるかを考えてみれば、シュタイナー学校で何をやろうとしているかが、本質的に見えてくるはずです。そこで最後に次のような表をつくってみます。

古代――Gymnast――体（霊的確信）――オイリュトミー
中世――Rhetor　――魂（不安と信仰）――言語形成法
近代――Doktor　――霊（懐疑と唯物思想）――人智学

古代では、人間はそもそもが霊的な存在であり、地上に生まれてきたときに神々の世界から地上に送られてきたのだ、という発想があったわけです。ですから、ギリシア人の場合には、ある意味では、とても残酷な面も出てきます。例えば神々から送られてきたその子供の霊的な内容が肉体によって十分に表現できていないとしますと、つまりその子供が障害児だったとすると、平気で山に捨てたり、殺したりしたのです。それは、その肉体では霊性を十分に発揮できないから、いったん殺して、もう一度その霊が新しい健全な肉体に入るまで待てばいいという発想があったからです。ですから今のわれわれからいうと、考えられないような残酷な面が古代にはいろいろとあったのです。それは死ぬということが、今の人間よりもずっと、恐ろしいものではなかったこととも関係があります。ただしその分だけ、「霊的な確信」が古代人にはあったわけです。ところが魂の文化の時代にはつまり説得術が問題になる時代には、もはやそういう霊的確信はなく、むしろ不安とか信仰とかが問題になってきます。そういう中世の時代にはレトリックが問題になります。それからドクトールの時代になると、言っていることは形而上学とか、価値の世界とか、神の存在証明とか、内容は霊的精神的な内容を取り上げているにもかかわらず、その背後にある立場は、懐疑と唯物論以外のなにものでもなくなってしまっています。ですからシュタイナーはドクターの立場に対しては、新しく「人智学」の方法を提出し、ギムナスト的理想のためには、オイリュトミーを出し、そして魂のためにも、一度堕落した言語の復活をはかろうとしたのです。これが恐らく、教育史上から見たヘレニストとしてのシュタイナーの一番の根本姿勢なのではないかという気がします。

それでは次に、ドクターの時代に、つまり近代思想の渦まく中で、ドクターの思想そのものをシュタイナーがどういう形で受け止め、それに対してどういう問題提起をしているかという、近世の教育のさまざまな流れの中でのシュタイナーの在り方を考えてみたいと思います。

第二章　教師の理想像

「術」中心の教育

ところで現代はどのような教師の理想像を求めているのでしょうか。依然として、ドクターなのでしょうか。それともドクターを超える何かをわれわれは求めているのでしょうか。

はじめにそのことを考える前提として、いったいドクターであることの本質は何だったのか、少し突っ込んで考えておこうと思います。

そこでまずギムナストとレトールの本質をもう一度振り返っておきますと、ギムナストの理想は、すでに述べたように、ギリシアのみならず、エジプト、インド、中国をも含めた、広大な古代東方の世界に共通している一つの肉体文化にかかわっていました。例えば、ヨガの呼吸法や座法、あるいは中国や日本に現代まで伝えられている武道、中国のカンフーや少林寺拳法から日本の剣道、柔道、合気道にいたるまでの、肉体の能力を高めることが同時に精神の能力を高めることであるという、そういう考え方と共通する文化の地下茎から、ギリシア的人間性の理想が花開いたのです。

レトールの理想もまた、一つの術としての性格を明らかに担っていました。ギムナストの場合、槍投げ、格闘技、あるいは舞踊などによって、肉体の能力をどのくらい高めることができるかという「術」が問題になりましたが、ローマ、中世においても、どのくらい相手を納得させることができるか、自分の立場をどれくらい相手に理解させることができるかという、「技術」の能力が教育の目標になっていました。

私が子供のころに福沢諭吉の伝記を読んでいましたら、福沢諭吉の考え方の基本にも「術」の思想が生きていました。福沢諭吉は、どんな命題でも、必要ならば相手にその命題を納得させることができる、と言っていたそうです。たとえば、そのころですから、忠臣蔵の四十七士や楠正成がいかに忠義の士であるかということは、疑問の余地のないくらい当然のことと考えられていたわけですが、福沢諭吉は四十七士が主人に対して不忠実な人々であったとか、楠木正成（くすのきまさしげ）の行為が決して臣として立派な行為であったとは言えないということを、相手に納得させようと思えばできると言っていたというのです。ところがそういう考え方は、われわれの学問の立場からいえば、非常におかしいわけです。自分の理想とするところを相手に伝えるのではなく、与えられた命題なら、どんな命題でも相手に納得させてしまう、ということになりますと、それは学者として一番あるまじき、無節操で日和見（ひよりみ）的な態度であるかのように見えます。戦争中は皇国史観の立場に立って天皇を擁護し、戦争が終わり、時代が変わると、あっという間に民主主義者になるというのと同じです。ですからそういう立場を肯定することは非常におかしなことに思えるのですけれども、福沢諭吉にとっては、それが特別大切だったというのです。そしてこれがレトールの本質でもあるのです。レトールとは、一つの立場に立ったとき、その立場がどんなに納得できるものであるかを、相手に信じさせることのできる能力を持った人のことです。問題になるのはどこまでも「術」です。世界観を持つということではなくて、自分と相手との関係において、その相手に自分の立場を認めさせる能力を持つということです。

このような術、もしくは技法を教育の中心に置こうとする考え方は、今日のわれわれにとって非常におかしなものに思えます。しかし、そう思えるのは技法や術が、精神や魂の問題と切り離されてしまっているからだと思います。古代や中世においては、術を大切にすることの前提として、当然そういう能力を持っている人なら、相手に伝えるべき大切な内容を持っているにちがいない、と考えられていたわけです。言い換えると、古代や中世においては、客観的な価値、真・善・美の、あるいは聖の世界の普遍的客観的な価値が人々の心の中に生きており、それが人間の関係をも規定していた、ということになります。

普遍的価値の喪失

ところが現在、われわれが術だけを強調しようとしたら、日和見主義者か、悪くすれば山師、詐欺師もしくはアジテーターであるかのように思われてしまいます。それは現代という時代が今言いました普遍的な価値の世界を見失っており、一人一人の人間がそういう世界から切り離され、孤立した、孤独な人間として、ある特定の利害関係の代表者としてしか生きられなくなってしまっているからにほかなりません。

このことがこれからお話しする事柄にとって大変重要になってきます。今例として述べたような事柄は、私くらいまでの世代の人間ですと、いやになるくらい、苦い思い出として実際に体験してきたことでした。戦争中の日本人は、ほとんど大部分の人が天皇制の中で当然のように生きていました。日本人である限りはだれでも天皇に忠誠を尽くすのは当然であると教育されていたからです。そのような日本人として人と接する場合、互いに天皇の臣下であるということは、当然の前提になっていたわけです。その態度はヨーロッパの場合でいえば、中世のクリスチャンの態度と本質的に同じでした。中世においても、一人一人の人間が敬虔なキリスト教の信者だということが当然の前提になっていたわけです。ですから、そういう統一的な、ある意味では閉ざされた社会の中に生きている人間にとって、説得術がたけているということは、無定見であるとか、日和見主義的であるとかということになるのではなく、自分たちが共通に持っている立場にその都度意味づけをしてくれる能力がある、ということになるのです。あの人は自分たちの立場を本当に代表するに足る人物にちがいない。だからこそあれほどにまで感動的な言葉で話ができるのだ、ということになるわけです。ところが戦後になって、天皇中心の世界観が、軍部によって作られた虚構であるとか、日本の国家権力が国民に押しつけた欺瞞であったとか、あるいは、天皇陛下は神と同じではなかったとか、主張されるようになったときに、戦時中の日本人としての自己同一性は失われてしまい、共通の基本的な世界観、価値観も日本人の中から失われてしまったのです。

同じことがヨーロッパでいつ起こったかといえば、それは、十五世紀、十六世紀以来のことです。十五、六世紀までのヨーロッパは神の子として、あるいは教会の一員として生きることが当然の前提でした。疑問を感じた人はもちろんいたでしょうけれども、それは例外中の例外で、そういう根本的な懐疑を持つということは、まだ許されていなかったのです。ところが十五、六世紀になってきますと、いわゆる実証的なものの考え方、合理的な考え方が次第に現われてきました。ちょうど三十年くらい前に、天皇が神であることを自ら否定した後で、いったいわれわれ日本人にとって何が残っているのかということに関して、深刻な危機感が生じたのと同じように、それ以来人々は何に頼って生きたらいいか分からなくなってしまったのです。そしてそうなってしまった社会が問題にすることのできる唯一の理想的な人間像、教師像がドクターだったのです。ヨーロッパの教育思想史を考えるとき、その点に特に注目する必要があります。

ある思想家が書物を書くとき、読者として共通の価値観を持った人間を想定しているのか、それともだれが読むのか分からないような不特定な読者を相手に書いているのか、論述の仕方がそれによって大きく二つに分かれます。太平洋戦争当時のような「非常時」には、現代のような社会の中でも、先祖返り的に共通の価値観を持った読者を前提にしてものを書くことができます。しかし中世の著述家は戦時中も平和時にも、共通の価値観を持ち、共通の信仰を持った人を相手に書いていました。ところが十五、六世紀以降になると、だれが読んでいるのかを全然予想できなくなっていき、それに伴って、思想の在り方にも決定的な変化が生じます。

イタリア・ルネサンスの著述家やシェークスピアのような、近世初期の作家のものを読みますと、文学者も哲学者も、何かある確実なものをそれぞれが孤独な中で一生懸命探求しはじめるのです。例えば「あるべきか、あらざるべきか」というハムレットの悩みにしても、どういう立場に立って自分が生きたらいいか、深刻に自分自身に問いかけざるを得ない状況を文学で表現した点に、記念碑的な意味があったわけです。同じようにデカルトが認識の本質を探求し始めたとき、どこにも確実なものを見出すことができず、さんざん迷い悩んだすえに、天啓のように分かったことは、考える行為そのものの中に確実な存在の基礎があるという合理主義の立場でした。それに対して、トマスやスコトゥス・エリウゲナ、あるいはマイスター・エックハルトやヨハネス・タウラーのような神秘家の著述を見ますと、そのようなところに問題があるのではなく、自分がすでに体験した宗教の世界をどうしたら生き生きと具体的に伝えることができるかという技術の問題に、関心が向けられていたのです。

量的な認識

そこで、そういう一番根本的な前提に立って近世を考えると、なぜドクターの理想が「他の人間よりもより多く知る者」として現われてきたのか、その理由が明らかになってきます。より多くを知るということ、これは教育の問題を考えるときに、大変大きな問題を含んでいます。「より多く」というとき、そこで問題になるのは常に量の問題です。AさんとBさんとを比べた場合に、どちらが知識の量をより多く持っているか、そういう比較をする場合、その量の差は、「試験」を通して、だれの眼にも明らかになります。その意味でそこには確実さがあります。しかし、AさんとBさんのうちどちらの知識の方がより深刻に把握されているか、ということになると、比較のしようもなければ、確かな判断の基準もありません。確実なものを求めようとすれば、どうしても量的な観点に立たざるを得なくなってくるのです。量的な比較をするときにのみ、確実な基準がだれの眼にも明らかに見えてくるわけです。ですからAよりもBの方が多いとか、重たいとか、大きいとか、広いとか、そういう発想がどうしても近世になると重要な意味を持たざるを得なくなってきます。量の世界が知識の世界全体における最も基本の部分をなすようになってくること、それが不確実な時代の一番最初の徴候なのです。ですから今日の意味での試験制度は量の時代になって初めて可能になったのです。Aは九〇点、Bは六〇点ということになると、AとBとの成績の相違はだれの眼にも明らかです。そしてだれが九〇点を取り、だれが六〇点を取ったかを問題にする立場は、価値を量で測る立場です。

デカルトは『方法序説』の中で、こんなことを言っています。例えば、一千角形を考えてみると、それを直観によって把握することは決して容易でなく、直観によっては、九百九十九角形なのか、一千角形なのか区別がつかないというのです。三角形か、四角形かということなら、直観的にすぐ分かりますが、九百九十九角形と、一千角形ということになると、そうはいかなくなります。一千という数も、角という図形も「概念」として理解することは簡単ですから、一千角形と九百九十九角形との区別も直観によっては把握することができなくても、概念によって理解することは容易にできるのです。同じことはすべての感覚の場合に当てはまる、とデカルトは言います。例えば、同じみかんを食べても、梅干しを食べたあとと砂糖をなめたあととでは、味が違います。みかんが甘いか酸っぱいか、感覚は客観的に判断できずにいます。感覚による認識はそれくらい、不確かなものなのだ、とデカルトは言うのです。それに対して、数学的な理性は、甘い物を食べた後でも酸っぱい物を食べた後でも、一千角形とは何か、九百角形とは何かを的確に認識します。したがって数量の世界は、感覚の世界よりもはるかに明晰、判明であり、客観性があるというわけです。

同じように、月と太陽とどちらが大きいか、これもデカルトの挙げている例ですけれども、それも、感覚によっては区別できません。しかし量的な認識は、形の大小と距離との間の明瞭な数的関係をもとに、両者の大きさの相違を客観的に説明することができるのです。このようなデカルトの立場はあらゆる価値が不確実になった時代に、まず頼ることができた世界観の在り方をはっきり説明していると思うのです。

量的な世界観の上に立つということは、感覚よりも理性を重んじる態度に通じます。ところが不思議なことに、感覚よりも理性の方を重んじる考え方が有力になるにつれて、その不確かな感覚の世界であるはずの物質界を唯一の現実世界であると考える立場が、強く打ち出されてきます。物質中心の思想がそれに伴って出てきます。数量的思考、合理主義、そして唯物論、この三つは同じ親からでてきた三兄弟なのです。互いに一見違っているように見えながら、深い結びつきを持っているのです。

知性と量と物質

シュタイナーの思想は宗教臭いような気がする、という感想を聞くことがあります。別にシュタイナーに限らず、マリア・モンテッソーリの思想でも、フレーベルの思想でも、ペスタロッチの思想でも同様です。偉大な教育家の思想を少し突っ込んで調べれば、常に宗教にぶつかってしまうのです。ヘルバルトやデューイになると違いますが、しかしヘルバルトやデューイは教育の危機が深刻になるにつれて影響力を失い、あとで触れますように、最近ではコメニウスやペスタロッチやフレーベルに再び帰ろうとする動きが出てきています。そして、そういう思想家あるいは教育家の立場の背後には、常に「宗教臭い世界観」が立っているというわけです。これに反して宗教臭くない思想家の背後には、意識的にせよ、無意識的にせよ、常に「量的な世界観」、感覚よりも理性を優位に置く立場、それから唯物論的な物質中心の思想、という三つの考え方が潜んでいるのです。

自分は客観的立場に立っており、宗教から自由な公正な見方をしている、と考えている人は、近世的なこの三つの立場を無意識であるにせよ、前提としていることが多いのです。それではいったいなぜこの三つが兄弟なのか、ここであらためて考えてみようと思います。

その際まず問題になるのは、人間とは何かという大問題です。ギリシアの場合には、肉体というものは一種の道具であって、そこに神の子としての各人の霊性が受肉します。だから道具としての肉体が不健全であれば、霊性も十分に働くことができません。ローマのことわざにあるように、「健全な精神は健全な肉体に宿る」のです。いわば肉体のエリート主義のようなものがあったわけです。中世になってきますと、神の前ではあらゆる人間が平等だ、という考え方が出てきました。ただ平等でないのは、信者であるか信者でないかの相違でしたが、信者であれば肉体が不健全であっても、みな等しく神によって救われると考えたのです。ところがそういう平等な救済世界との関係を失ったあとで、あらためて人間とは何かを問題にしますと、まず気がつくことは、どんな人間も生まれたときからまったくの沈黙と闇の世界に閉じこめられてしまったら、動物以上の知性を発達させることができない、という事実です。実際に生まれてきたばかりの子供を檻（おり）に入れ、物音のしない薄暗いところで育てていた場合があったのです。

十九世紀のドイツにカスパール・ハウザーというなぞの人物がいました。ニュルンベルグの街頭にいきなり姿を現わしたのですが、この人は十六、七歳くらいまでは全く感覚を働かせる余地のない小部屋の中に閉じ込められていたのです。そのような人は感覚だけでなく、知性を発達させることも全然できないでいるわけです。つまり、まず感覚によって脳を刺激しなかったら、知性は全然開発されず、知性を開発できなかったら動物と同じになってしまうのが人間なのです。ですから人間にとってまず第一に大事なのは、感覚の世界です。ところがデカルトによれば、感覚は人間を往々にして、誤謬（ごびゅう）に陥れてしまうものです。だからまず、感覚によって目覚めさせられた知性が感覚の一つ一つに対して理性の光による吟味を行ない、そして客観的な世界を再構築したときに初めて、人間としての成熟した知性を獲得することができるということになります。

それでは知性とは何かといえば、量的な世界の中で、初めて水を得た魚のように生き生きとしはじめるのが知性です。知性とは量の世界を正確に客観的に把握できる能力を意味するのです。ところが量の世界とは何かというと、それは生命のない物質の世界です。物質の世界というのは本質的に量によって成り立っています。なぜなら物質を分析していくと、すべてが分子とか原子とかいう最小の単位に還元されてしまいますが、一つ一つの分子や原子は何色をしているかも分からず、丸いか四角いかも分からぬ抽象的な単なる存在単位にすぎません。そういう単位がいろいろな仕方で寄せ集まって、いろいろな構造をとるときに、あるものは気体になり、あるものは液体になり、あるものは固体になり、あるものは金属になり、あるものは樹木になり、あるものは人体になるのです。そうすると物質の世界はどこまで分析してその本質を尋ねてみても、全部量の世界になってしまいます。したがって物質の世界はすべて数式や構造式で表現できることになるわけです。つまり量の世界と物質の世界とは同じことになるわけです。そしてこの量の世界と物質の世界とを結びつけるものとして、その「関係」を明らかにするものとして、知性の働きがあるわけです。このように、知性と量と物質の三つは互いに兄弟のように助け合って、近代的世界観を生み出しているのです。そして、この三つの領域を探求するのがドクター本来の使命ということになります。そしてここにこそ近世の教育の一番の特徴があるのです。

ヘルバルトの教育学

ドクターが教育をしようと思ったら、この三つの世界のための教育をすることが唯一の正しいやり方になるはずです。事実、現在、小学校、中学校、高校、大学で、このことを行なっています。その中で優秀な点数をとり続けた子供が最後にはドクターとなり、教師となります。そして、博士号が取れるような教育こそ優れた教育であり、博士号を取った人間こそ優れた人間なのです。その教育の過程でどんな道徳や社会的理想を説いたとしても、先生も親も無意識に考えているのは、できるだけいい大学に入れて、いい成績で卒業させるということですし、このことが教育の本質なのです。

そこで、今述べたこととの関連で考えていただきたいのですが、最近講談社から出た「人間の教育を考える」というシリーズの中で、『教育とは何か』という本が出ています。現代の日本の代表的な教育学者たちが教育とは何かをいろいろな立場から論じているのですが、その中心は「基本的文献をどう読むか」という部分です。それぞれ分かりやすい仕方で、教育学の基本文献として外国の文献ではプラトンの『国家』、コメニウスの『大教授学』、ルソーの『エミール』、ペスタロッチの『ゲルトルート』、ヘルバルトの『一般教育学』、それからデューイの『経験と教育』の六点を紹介してくれています。そのヘルバルトの『一般教育学』の紹介文の中には次のような一節がありました。

十八世紀から十九世紀の初頭にかけては、いわば近代の教育思想が開花する時期であるが、ルソーにしろ、ペスタロッチにしろ、またフィヒテやシュライエルマッヘル、フレーベルにしろ、彼らはその思想を論としては展開したが、その論がいかに理論として成立するかは十分に考えてはこなかった。このことは、講壇教育学者のヘルバルトにして初めて鍬が入れられたと見るべきである。しかもその方法論は決して古いものではない。

つまりヘルバルトを、ペスタロッチ、フレーベルに対して、より学者（ドクター）的な教育思想家として紹介しているのです。そしてそのヘルバルトが、彼の教育学の中で何を問題にしようとしているかについてはこう書かれています。

いったい、秀れた知識というのは、どういう時に考えることができるか、それからその知識を身に着けた人間が優れた知性を持っている持っていないということをどういう時に考えることができるかといえば、一口にいって、表象を、どれだけ沢山持っているかによって決まってくる。

表象の把握

「表象」とは、シュタイナーの教育論の中にも始終出てくる哲学の基本用語の一つです。表象というのは、ドイツ語 Vorstellung の訳です。Vor は前にを意味する接頭語、stellung は置くということです。その動詞は sich vorstellen ですが、sich は自分にという意味で、vor は前にですから、何かを自分の前に置く（stellen）という意味です。自分の前、つまり意識の舞台の前面に置くことが表象することです。意識の対象になるものはすべて表象である、と言うことができます。日本語の「表象」は、印象、心象、形象などと同じ「象」、つまりイメージを意識の表面に上らせること、もしくは意識の表面に現われたイメージそのものを意味する言葉です。昨日会った人のことを思い出すのは、意識の表面に昨日のことを「表象」としてよみがえらせることができるからです。または実際に見たことはなくても、例えば、真っ赤に染まった満月のイメージを表象として心の中に思い浮かべることもできます。いずれの場合も表象であると言うことができます。そこでヘルバルトは、どういう人間が優れた知性の持ち主であるかを決める第一の尺度は、どれほどたくさん表象を持っているか、ということだと言うのです。

例えば私がだれかと乗用車のことについて議論するとすれば、これまでの乗用車のいろいろな型のことをたくさん知っているほうが当然有利に立ちます。こういう型の自動車を知っているかときかれて、いや知らない、と答えたのではお話にならないわけです。憲法について議論するのでも、あるいは自然科学の問題について議論するのでも、表象をたくさん、しかも正確に持っていれば、有利に立てますし、試験をすればいい成績がとれます。そして識者として尊敬されることにもなるのです。次に、その表象相互の関連づけが正しくできているかどうかが重要になってきます。一つ一つの表象相互の結びつきを年齢に応じて進化発達させていくことが教育だというのです。特定の表象、もしくは表象群をすでに身につけた子供の思考に対して、どのように手を加え、どのようにそれを正すかが、教育者にとってのすべてだというのです。

このヘルバルトの教育思想は典型的にドクターによる、ドクターへの教育を語っています。われわれも、このヘルバルトの立場に立って教育をしようとすれば、無意識的にも子供をドクターにしようとして教育していくことになります。とはいえ、ヘルバルトは体系的な教育学者ですから、もちろん道徳や芸術のことにも触れていますが、感情も行動の原則もこのような表象＝思考から生ずると考えています。そして感情や行動のための教育は「管理」が基本になります。

ヘルバルトの教育学の体系の特色の一つは、教育を「管理」と「教授」と「訓練」の三つの分野に分けた点にありますが、この管理に対する思想がなぜ生まれたかといえば、子供に対して「性悪説」の立場に立っているからです。彼は「子供というものは意志を持たずに出てくるものであるから、あらゆる道徳的関係に無能力である」と、その『一般教育学』の中で書いています。ですから彼がスイスで家庭教師をしたときにも、その子供について父親に書いています。「彼の欲望は激しく、しかも自由意志でこの欲望を彼は抑えることに慣れていません。そのため、彼の急速に成長していく体からして、二、三年後その動物的欲望から法外な激情が出てくるのではないかと私は恐れています。自分勝手にさせておいたら、このような激しい欲望によって彼は利己主義者になってしまうでしょう。……彼は非常にずる賢い悪だくみにたけた一貫した利己主義者になることでしょう」

これは、今の日本の教育界の指導的な考え方とまったく同じです。大部分の父兄も学校の先生も基本的にはこういう考え方をしています。ヘルバルト主義は、今の教育の主流になっているのです。ヘルバルト主義の立場に立てば、ドクターを理想とする立場に立つことになり、ドクターを理想とする立場に立てば、当然子供を管理するということが教育の基本にならざるを得ないわけです。そして、教育を管理する思想の背後には、生まれてくる人間に対する性悪説の考え方が存在しているのです。「放っておいたら、ずる賢い、悪だくみにたけた利己主義者になる」というのは、ヘルバルトのような立場に立てば、どうしてもそうならざるを得ないのです。

ドクターの理想＝性悪説の理想像

現在の日本の文部省（現・文部科学省）や日教組について考えてみますと、文部省は中央教育審議会という審議会を持っています。この審議会にはどういう人が集まっているかといいますと、各界の識者です。識者、つまりドクターです。ドクターを理想として育った環境の中で、本当にドクターになった人たちが文部省の審議会のメンバーになっているのです。その人たちが教育とは何かを考えるとすれば、当然その人たちはヘルバルト主義にならざるを得ないでしょう。そういう立場に立つと、結局子供を管理する、という管理体制が教育の一番基本になるし、そうして出てくる教育の目的は、知識をたくさん持っている人を育てるという方向にならざるを得ないのです。この点は、他にどんな立場の相違があったにしても、日教組の幹部にもそのままあてはまります。この教育体制の全体を生みだしているプロセスを、ぜひ一度は徹底して考えてみる必要があると思うのです。われわれの文部省や日教組の発想は、十五、六世紀以後のヨーロッパに起こってきたものです。その前提になるものは、普遍的な価値の喪失であり、不確かな時代に入ったということからくる新しい確かな立場の探究です。新しい確かな立場を見出そうとすると、どうしても、量的な世界に入っていかざるを得ず、量的な世界に入って行こうとすれば、どうしても、物質中心の立場に立たざるを得ません。物質中心の立場に立とうとすれば、人間の一番大切な能力は、知性あるいは理性ということになり、知性、理性を中心とする教育になると、それは、どうしてもドクターを理想とすることになります。ドクターを理想とすると、管理体制ということが問題になり、それは一人一人の人間の性を悪と考える立場に立つのと同じことになります。——そういう一貫した流れがあるのです。

それでもし、皆さんの中で自分は宗教には無縁だとお考えになる方がいて、そのような自分の立場こそ、客観的な立場なのだと考えるとすると、その人は無意識的にせよ、人間を悪の存在と考えているということにならざるを得ないのです。このプロセスは恐ろしいくらいはっきりしていて、それ以外の道は考えられないくらいです。性悪説はいつでも物質中心の思想から出てきます。それから性善説というのは、いつもその背景に、はっきり言ってしまえば、なんらかの意味の宗教的な世界を持っています。これは否定しようのない事実なのです。ドクターというのは、言い換えると、性悪説による人間の理想像にほかならないのです。人間というものは、もともと、放っておいたら動物と同じ存在なのだから、なんらかの仕方で外から枠をはめて、特定の方向に躾(しつ)けていかなければいけない、そのためには管理することが教育の基本になる、という立場です。

物質中心の思想

この「管理教育」は、社会主義の、社会主義といっても唯物論的社会主義ですが、その社会主義国家の教育を見ればまったく明らかです。中国でもソ連でも、政府は国民の一人一人を性悪説の立場から見ているのです。放っておいたら何をしでかすか分からない、といつも恐怖と不安の目で人間を見ているのです。ですから徹底的に管理することが必要になってきて、管理されない国民は、すぐに悪の方へ、国家の立場からいって、悪の方へ走ってしまう、と考えます。

マルクス主義でなくても、同じように唯物論の立場に立つ教育では、右翼も左翼も、子供というのは放っておいたら利己主義者になり、悪の方向に走ってしまうから、いつも厳しい眼で管理して、服装や髪の形からカバンの形に至るまで、全部管理しなければいけない、という発想にならざるを得ないのです。性善説の立場に立つということは、言い換えると、人間性の中に動物性と本質的に違う何かがあるということを前提にする立場です。動物と本質的に違う何かは唯物論からは、絶対に見えてきません。もし、自分を唯物論者と考え、しかも、性善説の立場に立とうとしたら、それはかなり甘いセンチメンタリズムにすぎなくなります。なぜかというと、自分がもともといい人間だということを、その人は感じているのです。ところが自分は宗教に対してはまったく興味がないし、無縁だし、むしろ反感を持っている。自分の立場としては、唯物論の方が身近だけど、自分は自分が善なる存在だということを知っている。だから性善説の教育の方に、例えばシュタイナー教育のようなものに関心がある。しかし、シュタイナーは宗教臭いからどうも好きになれない、こういう考え方は本当は自己矛盾なのです。

しかし、それが自己矛盾であるということは、なかなか見えてきません。なぜかと言うと、自分自身の性が善であるということを誰でもみんなどこかで信じているからです。だから自分が物質によって生み出されているだけの存在ではありえないことを、みんなは本能的に、無意識的に感じているのです。自分の魂は何か高貴な、物質を超えたある本性を担っている、と感じていながら、しかもそういう感じを自分の理性が否定しているのです。

コメニウスの教育思想

そこでこれから、近代の中に生まれながら、このドクターの理想の対極に立っていた教育思想に眼を向けてみようと思います。まず第一に問題になるのはコメニウスです。コメニウスというのはバロック時代、つまり十七世紀の非常に重要な哲学者ですが、シュタイナーもコメニウスのことはかなりよく知っていたと思われます。日本でも最近、アカデミックな教育学の中で、コメニウスを通して新しい方向を模索しようとする動きが現われています。ところがコメニウスというのは、結論的なことを先に言いますと、神秘学者なのです。アカデミックな教育学者が、神秘学を問題にすることは、今はちょっと考えられないことなので、日本の教育学がコメニウスに関心を寄せることに、私はとても興味を持っています。いったいそういう神秘学者を、どういう形で紹介しようとすることができるのか、非常に興味があるのです。

まずコメニウスの『大教授学』（鈴木秀勇訳）の中から、典型的な神秘学的な発想の例を三つ取り上げてみようと思います。第一は「人間は被造物のうち最高の、最も完璧（かんぺき）な、最も卓越したものであり、人間の究極の目的は現世のそとにある」（第一巻、一五ページ）という考え方です。第二は人間が霊、魂、体という三つの本性から成り立っている、という考え方です。それをコメニウスは「植物的生命」「動物的生命」「霊的生命」という言葉で説明しています（第一巻、五二ページ以下）。第三は人間が「大宇宙（マクロコスモス）があまねく拡げてみせるものをことごとくうちに秘めている小宇宙（ミクロコスモス）である」（第一巻、六九ページ以下）という考え方です。「ですから人間にはなに一つ外部から持ち込む必要はありません。自分の中に秘められていたものが蔽（おお）いをはがれ、繰りひろげられ、一つ一つのものがその姿を明らかにされるだけでよいのです」（同上）、と彼は書いています。このような観点に立って展開される教育思想は、まさにドクターの思想の対極に立っています。

まず、感覚よりも理性の方が確実である、という従来の近代的な考え方をひっくり返して、理性よりも感覚の方が確実だという立場から、教育を考えようとします。――「あらゆるものをできるだけ多くの感覚にさらす、ということが教授者の黄金律にならなくてはなりません」（第二巻、九ページ）。なぜなら、「知識は、感覚に根ざすこと深ければ深いほど、ますます的確なものになる」（同、一〇ページ）からです。まず零歳から六歳までに母親の下で「外部感覚」を通して、外なる世界を受け容れ、次の六年間に初級学校で「内部感覚」、つまり想像力と想起力のための学習を行ない、次の六年間にギムナジウムで知性と判断力を修得し、最後の六年間に大学と旅行（諸国遍歴）を通して、人生に調和を生み出すための意志（自我）の能力を獲得する、というのが、コメニウスの教育過程の見取図になっています。

質的な世界観

ここでまず興味があるのは、いわゆる感覚（外部感覚）と想像力（内部感覚）を「感覚」という観点から統一的に理解しようとしていることですが、さらにまた、大学での学習生活を、認識や研究という観点、つまりドクターの観点からではなく、世界に調和を打ち立てるための意志の行為という観点から把えているところにも、彼の教育思想の特質がよく出ていると思います。第一の点に関して言いますと、量的世界観の話を先ほどしましたけれども、コメニウスのこの立場は質的な世界観から来ているのです。量的と質的の相違は、感覚の場合に一番はっきりします。

もしだれかが「この花は赤い」という言葉を聞いたとき、二つの受けとめ方ができます。一つは現代の学問の立場からこの言葉を分析して、「この花は赤い」という言葉の中には文法的、論理的に矛盾はない、として受け容れる態度です。「この花を赤い」だったら矛盾があるが、「この花は赤い」だったら矛盾がなく、そして「赤い」という感覚はだれもが等しく持っている体験内容だから、この命題は論理的に完結している、したがって普遍性がある、と考えるわけです。

ところが、もう一つの受けとめ方によると、「この花は赤い」という言葉の意味は一人一人によって全部違ってきます。なぜなら「赤い」という概念は、あらゆる人間にとって共通の意味を担っているものでなく、一人一人は「赤い」という言葉の下に、全然別な何かを理解しているかもしれないからです。したがって「この花は赤い」という命題は普遍性を持っていない、ということになってしまいます。この二つの立場の相違は教育を考える上で決定的な意味を持っています。

以前、ステレオ装置を買おうとして秋葉原へ行ったことがありました。ある装置をお店の中で聴いたときに、どうしても高い音が濁っていると思えたので、「この機械は少し高音が濁っているんじゃないですか。針のせいでしょうか」と聞きましたら、その店の人はじっと聴いていて、「いや、濁っていません」と言うのです。そのときには要するに自分にはこう聴こえた、というだけのことですから、言葉が無力になってしまった、という経験をしたことがあります。同じように「この花は赤い」と言うときに、赤いという言葉で表現する感じ方は、私にとってと相手にとってとでは、根本的に違うのかもしれません。そう思うと、「赤い」という言葉は本来何にも感覚の質的内容を伝えていないのではないか、と思ってしまいます。ところが、「赤い色の感覚内容は波長で調べれば客観的に表現できるし、この色がカーマインレッドであることは、だれが見ても明らかで、決して、バイオレットには見えない」というような言い方で済ますこともできるわけです。

教育の場合でもまったく同じです。そういう立場で教育を考えるときには、先生も生徒も、色彩の感覚体験に関しては、言葉が普遍的に、有効な機能をしている、と言うことに何の疑問も感じないでいるわけです。けれども、もしそこに他の人とは別な内容を感じとっている子供がいたとすると、その子供にとって、この教育の立場は、言葉の無力感だけでなく、自分の個性を否定されたことからくる孤立感も生み出してしまう、といえます。したがってコメニウスは規律についても次のように述べます。——「子供がいやいやながら無理矢理に学習を強制される必要はない。すべてできるだけ自発的に、自分から進んで、まさしく魂のよろこびを感じながら、学習するようにしてほしいと思う」(第二巻、九四ページ)。

ここにはコメニウスの教育論とヘルバルトの教育論との相違が明らかに現われています。そして今日、ヘルバルトの教育学の方向が袋小路に陥っている時点で、そこに教育の危機を感じ取っている人が、あらためてコメニウスに立ち戻って、そこに教育の新しい可能性の原点を求めているのです。この傾向と最近ルドルフ・シュタイナーの教育思想に関心が寄せられていることとの間には非常に深い結びつきがあるのです。この点は思想史的にも非常に重要な事柄と関連しています。

神秘学の自然

コメニウスの時代は、三十年戦争のころ、つまり十七世紀初頭の激動の時代です。当時は秘密結社の運動が非常に活発でした。そしてその背景には、大変な精神史の闘いが展開されていたのです。

一方では正統派の教会、そしてそれと手を携えて発展する学問――それは先ほどから申しております合理主義の、量的で、理性的で、物質的な立場です。それに対して、コメニウスは神智学者として、ある秘密結社的な組織の中で活躍していました。「ボヘミア同胞教団」という一種の霊的共同体がその結社で、「汎智学(パンゾフィー)による平和の実現」という目標に向かって努力していました。

汎智学というのはいったい何でしょうか。哲学辞典を見ても、教育学辞典を見ても、何にも出てきません。これは特殊な神秘学の用語で、神智学とほとんど同じ意味です。Panというのは全体、普遍という意味で、sophieというのは前述したように、霊的な叡智のことです。そして神智学（Theosophie）やシュタイナーの人智学（Anthroposophie）もsophieという言葉を使っています。知識の知ではなく、叡智の智なので、知ではなく、智という字を当てています。実際コメニウスは、十七世紀における神智学の代表者の一人でした。ですから、この人の教育学が量的、理性的、物質的ではなく、質的、感性的、自然的な発想を持っているのは、当然といえます。

物質的ではなく、自然的である、というときの「自然」というのも、神秘学の概念です。神秘学では、人間も自然だし、外の世界も自然だ、と考えます。その両方に同じ自然の法則が働いている、という一種の自然主義の立場に立ちます。ですから、教育するにも人間を自然として見る必要があるのです。ある有名な哲学者は、一つの時代の特徴を知ろうと思ったら、その時代の人間が「自然」という言葉で何を考えているかを調べるのが一番だ、と言ったことがありますが、現代を生きるわれわれにとって、例えば森の静けさとか、高原の朝とか、真夏の浜辺とか、そういうものを自然と考えがちです。なぜなら今の人間は、人工的な社会に住んでいますので、人工的ではない世界を自然の世界と同一視するからです。自然に帰れとか、自然環境を守らなければいけないとかいうことが問題になるわけです。ところが十七世紀のコメニウスの時代の自然というのは、全然それとは違うのです。何が自然なのかというと、二つありまして、能産的自然と所産的自然という二つの自然を考えたのです。能産的自然というのは、自然を生み出す働きのことで、それを神とも考えたのです。所産的自然というのは創り出された自然のことで、われわれの言っている自然も人工も共に含んでいます。そしてコメニウスも自然ということを言うときには、人間の中にこの二つが同時に生きて働いているということを言おうとしたのです。つまり、人間精神の中に、自然を創っている神の働きと同じ働きを認めると同時に、肉体の中に、創り出された自然をも見ていました。そして人間が自分の内部にイマジネーションやファンタジーを生み出したり、理性や感情を働かせたりする働きと、大自然が万有引力や熱力学のような法則を立てたり、熱や気体や液体や固体をつくったり、植物や動物のような有機物を生み出したりする働きとは同じだ、と言うのです。

内なる自然力

人間が心の中に形象を生み出す創造的な能力、つまりファンタジーは人間の内なる自然力であり、地球上に鉱物、植物、動物の驚異的な形態を生み出す創造力は外なる自然力なのです。そしてこの点からコメニウスは教育の問題をも考察したのです。そしてこの考え方は時代の転換期には、その後も繰り返して現われてきました。例えば、画家パウル・クレーが自分の芸術を伝統から離れたところで、無から始めようと努力したときにたどり着いたのも、この考え方です。パウル・クレーは内なるイメージを追求しつつ、色彩と形態を形成していく自分の美的構想力は内なる自然の働きなのだ、と考えざるを得なかったのです。ですから、真の内的必然性によって生み出された抽象画は、自然が植物や動物や結晶体を生み出すときの法則と同じ法則の下に創り出されているという確信に達したのです。実際、パウル・クレーのあの小さな画面の世界には、コズミックな力が潜んでいます。同じことがコメニウスの教育学にも言えるのです。子供の心の中の営みは神の働きにほかならない、とコメニウスは考えています。

だからこそコメニウスは『大教授学』の冒頭で、「男女両性のあらゆる青少年が、一人も無視されることなく、学問を教えられ、徳を磨かれ、敬神の心を養われ、かくして青年期までの年月の間に、現世と来世との生命に属するあらゆる事柄を僅(わず)かな労力で、愉快に、着実に教わることのできる学校」について語りました。「学校に鞭(むち)の音、学習へのいや気、甲斐(かい)ない苦労がいよいよ少なくなり、しかし、静寂とよろこびと着実な成果とがいよいよ多くなる方法」を、彼は具体的に構想しました。これからの学校ではもはや男女や貧富や教養の差を設けるべきではなく、すべての人が入学できる学校でなければならないというのです。このような考え方は、シュタイナー学校の場合とまったく共通しています。日本でも神秘学の側からする教授法の始まりは、九世紀の空海の教育思想と教育実践の中に見出すことができると思います。空海の場合にも、背景に神秘学が生きていたために、同じように、あらゆる人間に開かれた学校という発想が出ています。

薔薇十字会の系譜

コメニウスとルドルフ・シュタイナーとの関係というテーマで考えた人はまだあまりいないと思いますが、しかし、これは非常に大事な問題を含んでいます。シュタイナー教育を教育史の中で位置づける必要があるからです。そうでないと、シュタイナー教育はいいけれどもシュタイナーの思想は困るとか、シュタイナー教育の方法だけを知ればいいとかいうことになりかねませんし、なぜシュタイナーがシュタイナー学校の必要を二十世紀になってあれほど熱心に説いたのかも分からなくなってしまうと思うのです。実際、「何か特殊な教育をやっているどこか風変わりなこの学校」も非常に長い伝統の中から必然的に出てきたのです。

ところでコメニウスの『大教授学』の序文は、ヴァレンティン・アンドレアエの名前を特別の敬意をこめて挙げています。「私はいくつかの点についてぜひともさらに充分な教えを受け、私の方からも少なからず意見を申し述べたいと思って、あの人々のひとりふたり三人へと手紙をおくりました。……しかしそのうちでただひとり、『光り輝くヨハン・ヴァレンティン・アンドレアエ』だけが、友情のこもった返事を寄せて、私に光明を授けてくれました」というのです。このドイツのアンドレアエというのは大変な人物で、「薔薇十字会」という秘密結社について最初に公に文章を書いた人なのです。シュトゥットガルト近くの大学都市チュービンゲンは昔からドイツにおけるキリスト教神学の拠点でしたが、そこの高位聖職者だった人です。そして若いときに『化学の結婚』という秘儀参入の過程を描いた本と、それに関連する幾つかの本を書き、その中ではじめて、クリスティアン・ローゼンクロイツという偉大な導師のことを記したのです。ローゼンクロイツは近世の初頭に現われて、まったく秘密裡に教えを説き、そして自分が死んでから百年間は決して、自分の教えを世の中に発表してはいけないと言って死んだというのです。その教えを受けた人たちは秘密結社を作って、霊学の伝統を守り続け、ちょうど師の死後百年たったときに、公開の時期が来たとして発表したのが『化学の結婚』です。そしてアンドレアエのこの「薔薇十字会」関係の文献を夢中になって読み、その上に自分の思想を打ち立てた代表的な作家の一人がゲーテです。

ゲーテの世界

ゲーテはシュトラースブルグの時代にヘルダーという友人に勧められてアンドレアエの本を読み、すっかり熱中してしまい、『秘密』という長編詩の中で「薔薇十字会」のテーマを詩的に表現したり、『ヴィルヘルム・マイスターの遍歴時代』という長編小説の中で、コメニウスと同じ立場の教育の理想を論じたりしています。『ヴィルヘルム・マイスター』はドイツの教育界に非常に大きな影響を与えました。ゲーテはまた、『ファウスト』という記念碑的な文学作品の中で、ドクターの世界の中で苦悩する主人公がどのようにしてそれを越えた世界に参入し、新しい人間性を発展させていくかを描いてみせたのです。『ファウスト』の冒頭で書斎の場面が出てきます。主人公、つまりドクター・ファウストはヨーロッパにおける当代最高の学者の一人なのですが、初老に達したころのある夜、書斎に閉じこもります。時はちょうどイースター（復活祭）のころです。自分は法律、医学、哲学、いやそれどころか神学までも学び、今では学者として皆から尊敬されている。しかし、考えてみたらそんなことは自分の人生にとって無に等しいものだった。いったいこんなことで自分は生きていると言えるのだろうか、と深刻に悩むのです。医学も法律も哲学も、神学さえも自分にとって、何のプラスにもならなかった、とあらためて感じて、深い絶望に陥るのです。そして毒を飲もうとして、毒杯を手に持ったときに、自分の子供のころのことがよみがえってきます。そこで自分の美しかった子供のころの思い出に対して、責任をとろうとするのです。そしてもう一度生きようとするところから、あの物語は始まります。

『ファウスト』の冒頭のところを読むと、ゲーテがどんなにドクターの理想に対して自己批判をする一方で、新しい人間性の理想を追求しようとしているかが実によく分かります。そのために何をするかというと、彼はメフィストフェレスという悪魔と契約して、魔術の世界に入っていくのです。魔術の世界を通して、ゲーテは量ではなくて質の世界を描いているのです。この魔術世界の洗礼を受けるときに、ファウストがどんな洗礼を受けるかといいますと、「魔女の九九」というのを覚えさせられるのです。それは意味の分からぬ、いわば狂ったような九九です。つまりその九九によって、数量的世界から訣別する過程が詩的に表現されているのです。通常の九九は量的な世界の象徴とされているわけです。その洗礼を受けて、いよいよメフィストフェレスと一緒に未知の世界に向かって飛び立っていくところで第一部の前半が終わり、そこからグレートヒェンの悲劇に入っていきます。そのことを考えますと、コメニウス―アンドレアエ―ゲーテ―シュタイナーは近世ヨーロッパにおける「薔薇十字会」的教育思想の系譜の中に位置づけられる精神の同族たちであることが分かってきます。

事実シュタイナーは、二十世紀における薔薇十字会を代表していることをよく自覚していました。一九二〇年四月二十二日のバーゼルでの講演の中で、彼はこんなことを言っています。「教育学という学問は、恐らくヨーロッパの精神科学の中でも一番高度の発達を遂げた、と考えることができるのに、他方、この教育学に基づく教育実践において、こんなに欠点ばかりの学校ができているのはなぜだろうか」。個々には、本当に優れた教育学者がたくさんいます。フレーベル、ペスタロッチ、ルソー、ヘルバルト――ディルタイ派からも、例えばノールやボルノウやシュプランガーなどの有名な教育者が輩出していますそれにもかかわらず、大学でそういう教育学の研究が続けられているにもかかわらず、学校の現場では、教授法上のまったくの不確かさが支配しているのです。

いったい、なぜそうなってしまったのでしょうか。それは、プラトン以来優れた教育の理念が無数に現われてきたにもかかわらず、すべてそれらが結局ドクターの理想の中に吸収されてしまっており、人間の本質に対する本当の洞察と結びつくことができなかったからだ、とシュタイナーは言うのです。そこで本当の教育をするためには、「人間の本質」への根本的な洞察から出発し直さなければいけないというところから、シュタイナーは自分の教育学を始めています。

シュタイナーの教育芸術

それで、これからシュタイナーのその教育論に入るわけですが、これまでのギムナスト、レトール、ドクターという系列の次に、シュタイナーにとっての教育者の理想というものを置くとしたら、それは芸術家という言葉で表現できると思うのです。

シュタイナーにとって教育者の理想は芸術家になることでした。ですから教育学ではなくて、教育芸術ということをシュタイナーは言ったのです。ヘルバルトやデューイやシュプランガーは依然として教育学者であったし、教育学をできるだけ深めようとしたのですけれども、シュタイナーになりますと、教育芸術家であり、教育芸術の技法をできるだけ深めようとしたのです。ですから私たちの中の「芸術家」によって、私たちの中の「ドクター」をいかに克服するか、ということがこれからの教育実践の基本になると思います。

最後に、なぜ芸術家なのか、ということに触れてこの章を閉じたいと思います。このことはシュタイナーの思想の背後に、リヒャルト・ワーグナーの総合芸術の思想があることと無関係ではないのです。

ワーグナーは総合芸術の理念を『未来の芸術作品』という本の中で論じていますが、

ワーグナーがそこで求めた未来の芸術作品への努力の、彼の次の担い手として、ルドルフ・シュタイナーがいたと考えることができます。それはどういうことかといいますと、十九世紀の後半、ドクターの理想がますます強調されるようになるにつれて、ヨーロッパの文化は合理主義一辺倒になってしまいます。唯物論が理論武装し、実証主義が一世を風靡（ふうび）し、合理主義が応用科学の分野で次々に新しい技術文化を開発してゆく過程の中で、ヨーロッパでさえも、宗教の伝統がほとんど意味を持ちえなくなってしまうのです。そこで教会は、ドクターの理想に魂を売り渡すのでなければ、プロテスタントの側もカトリックの側も、自分たちの教会を護ることがむずかしくなってしまいます。教会を霊的な意味でもっと時代に見合った形に発展させるのではなく、社会から脅かされ始めた教会を何とか保持しようとする守りの姿勢に徹し始めます。その中で本当に心ある、求道的な人々は、どうしても反教権主義者になっていきます。そして安易に教会内で宗教信者として生きることを拒否するのです。ニーチェがそうでしたし、マルクスも、シュティルナーのようなアナーキストもそうでした。中でもバクーニンのような人は、神は今、人間から去っていかなければいけない、と言いだすのです。なぜなら人間の尊厳はひとえに自由であることにかかっているにもかかわらず、神が存在することになると、その神によって人間は自由をすてて、自分の存在を神の手に委ねなければならない。だから本当に人間の自由を尊重しようとする気持ちが神にあるのなら、神は自分で自分を消す以外に人間への愛を表現する方法はない、という大胆な主張をバクーニンがしたのです。

宗教にかわる芸術

そういう主張が主張として認められるような時代になっていく過程で、一種の代理宗教とでもいうべきものが興ってきます。それが音楽であり、美術です。人々は教会へ行くかわりに、音楽会へ行き、美術館へ行きます。そして美的体験の中で、自分たちの宗教感情を満足させようとするのです。そういう芸術への時代の要求に応えて、宗教にかわる芸術を生み出そうと努力した代表的な芸術家が、リヒャルト・ワーグナーだったのです。ですから、リヒャルト・ワーグナーの芸術には濃厚に宗教的な、しかも秘教的な雰囲気があるのです。そこには薔薇十字会的な、神秘学的な宗教感情が生きています。そのことは『パルジファル』という最後のワーグナーの作品に接すると、手にとるように分かります。ワーグナーの『パルジファル』は、神秘劇として比類のない作品です。始めから終わりまで、非常に深い思想が語られています。例えば「ここでは時間が空間に変わる」という言葉が出てきます。「ここでは時間が空間に変わる」というのは、神秘学の言葉です。そういう言葉とか「グラール」の儀式とか、ともかくあのドラマは非常に見事な仕方で神秘学の本質を描いています。シュタイナーは子供のときからワーグナー音楽の洗礼を受けました。そして現代では美を通して神の世界に達する道が拓（ひら）かれるべきだ、と確信するようになります。ですから初期の彼は美学者として出発します。「美のあかつきの門を通って認識の世界へ赴く」というシラーの有名な言葉がありますが、実際シュタイナーは美的な世界、つまり感覚の世界を通して、形而上学的な叡智（ソフィア）の世界に参入する道を、生涯かけて歩み続けました。それがシュタイナーの言う「人智学」なのです。教育の目的もまた、同じように芸術のあかつきの門を通って、子供たちの魂を自由の世界にまで導くことなのです。そしてシュタイナーにとっての文化の目標は、科学と芸術と宗教との新しい統一の実現です。彼はそれを誠実に実践して見せました。

宗教・芸術・科学の統一

例えば、医学とか、自然農法とか、建築とか、教育とか、それから音楽とか、絵画とか、あるいは天文学とか、歴史学とか、シュタイナーの書いたものを見ると何をやっているのか分からないくらい、いろんなことをやっているという印象を受けるかもしれませんが、それはシュタイナーの悲願が、宗教と科学と芸術との新しい統一によるドクターの理想の克服にあったからです。彼は一生それを実践するために全力投球したのです。ですから単なる理論に留まらないで、彼は建築家としてもゲーテアヌムの設計を通して近代建築史上新しい試みをやってみせたし、彫刻家、画家としても創作に携わり、演劇活動を行ない、それからシュタイナー学校教育のみならず、治療教育や医学の分野でも本当に驚くべき成果をあげ、さらに文芸学、歴史学のような人文科学から、数学、物理学、天文学の分野にまで多くの示唆を与えました。それから最後に彼は、銀行家や企業家・実業家を集めて、貨幣論、金融論をさえ講義しているのです。そういうことで、普通だったらすぐに馬脚を現わすぐらい多角的な実践分野にどんどん彼は入っていきながら、弟子たちのそれぞれに自分の道を開拓していくように促しました。そして彼の示した道が必ず学問と宗教と芸術を統一する文化の未来に通じているはずだ、と言っていたのです。

そしてこのことを考えるとき、シュタイナーが教育者として非常に優れていたことがそこによく現われていると思われるのですが、彼の述べている文章はまったく完結していないのです。彼の書いているものは、そのまま受け売りして話しても、よく相手に通じません。どうしても自分でそれを一度咀嚼（そしゃく）し、自分の言葉で表現し直しませんと、そのままでは一見、矛盾だらけなのです。とはいえ常に暗示的であり、刺激的です。ですから読んでみて、これはおもしろい、だれかに話そうと思って、話してみても、通じないわけです。現代の学問の水準に照らして、もう一度自分で勉強し直して、そして自分の中に確信が出てきたときに話すと、すごく新しい思想になって人に伝わる、という形をとるのです。一言でいえば、レトリックの精神が常に求められるのです。ですから、神秘学者としては類がないくらいに、シュタイナーは偉大な弟子に恵まれました。というか、偉大な弟子を育成することができました。いまだにヨーロッパにもアメリカにも、自分をシュタイナーの弟子だと感じている人が何百人、何千人といるのですが、みんなシュタイナーの思想をそのまま受け売りすることができないという状況に追い込まれているのです。

教育者はシュタイナー学校や公立学校の教師として、実践的にシュタイナーの教育の理念を自分の内部で育てていくということをやらされるし、医者は医者でシュタイナーの弟子として癌(がん)の治療に当たるとか、あるいは精神病の治療に当たるとかいう、いわば孤独な道をたどらされるし、芸術家は芸術家で、やはりシュタイナーの示唆した方向で、自分の個人様式を創っていかなければなりません。常に創造の場所で仕事をさせられます。

生きた教育

そこで今、問題になるのは教育ですけれども、教育でも、シュタイナーの教育論というのは、そのままでは役に立ちません。例えば日本では、日本の状況に合ったシュタイナー教育を現場の先生一人一人が自分で創っていきませんと、シュタイナーの思想が生きてきません。シュタイナーの教育論を読めば読むほどそういうところに追い詰められてしまいます。自分に与えられた創造力を駆使して、この子供にはどういう教育をしたらいいか、あの子供にはどういう教育をしたらいいかという応用問題を毎日解くという形になってくるのです。一人一人の子供だけではなく、日本の社会にはどういう学校が必要なのか、どういうクラス編制が必要なのか、日本語にとってどういうオイリュトミーが可能なのか、そういうことが全部新しい問題となって出てくるわけです。それがシュタイナーの教育家としての非常に優れているところだと思うのです。もしシュタイナーが完結した理論を出して死んだとすれば、今度はそれを守ることが弟子の役目になってしまいますから、保守的になってしまいます。シュタイナーは保守的な態度がとれないような教え方をしたものですから、みんなそれぞれの国の社会的な事情に見合ったなんらかの新しい道を拓かざるを得なくなるのです。われわれがシュタイナーの勉強をする場合でも同じです。まず、人間とは何かということを、シュタイナーが提示した方向で、実践的に考えることが求められます。「エーテル体」と言ったら、それはただの言葉にすぎませんから、それを自分の中で、エーテル体が生きてくるような形で把えないと、エーテル体は何の意味もないわけです。そういう作業をやる必要があるのです。

人間の地上における最初の時期を過ごしている幼児の教育を考えるときにも、現場の先生がそれぞれの現場で、自分はこういう試みをしたからこういう結果が出てきた、ということを報告しあうという形の中で、生きた幼児教育が可能になってきます。

そこで次章では、シュタイナーの人間論を取り上げることになります。

第三章　シュタイナーの一般人間学

「人間」の意味

一九一九年の八月二十一日から九月五日にかけてシュタイナーは、初めてシュタイナー学校（正式には自由ヴァルドルフ学校）を創設するに当たって、未来の教師のために行なった連続講義を、「教育学の基礎としての一般人間学」から始めました。

そこで本書でも、シュタイナー教育の思想史的な位置づけを行なったあとで、シュタイナーの「一般人間学」の最も本質的な部分について考えてみようと思います。

一般人間学ですから、最も一般的なところから話を進めていきたいと思います。

まず人間学の中の「人間」という言葉の意味なのですが、シュタイナー教育ではAnthropos, Anthroposophie, Anthropologieという三つの言葉が重要になってまいります。最初のAnthroposというのはギリシア語で、「人間」という意味ですが、このAnthroposに、言葉を意味するロゴス（logos）を結びつけますと、人間学（Anthropologie）という言葉になります。語尾をロゴスの代わりに、叡智（えいち）を意味するソフィア（sophia）にしますと、シュタイナーの思想的立場を表わす「人智学」つまりAnthroposophieになります。シュタイナー自身はギリシア語のアントロポスとは、自分の存在の根拠をより高いところに求めようとすることを意味する言葉だ、と述べています。これがアントロポスの語源の意味だ、というのです。その意味での「人間」とは、先祖代々、動物と違った存在であるだけでなく、宇宙のあらゆる存在者の中でも非常に特異な在り方をしている存在です。人間だけが地上で初めて、自分の内部に宇宙の森羅万象を映し出すことができるようになっただけではなく、その森羅万象に意味を与え、その意味をもとにして、自他ともに、より進化した方向へ発展させようとする意志を持った存在になったのです。

仮に人間以外に、別の霊的存在者（例えば天使や神々や精霊など）を考えたとしても、そういう高次の存在たちでさえ、宇宙の森羅万象を自分の中に映し出す能力はないのです。そうできるためには、肉体に組み込まれた感覚器官が必要だからです。その意味で、宇宙におけるかけがえのない存在としての人間の在り方次第で、宇宙の進化全体も決定的に左右されてしまいます。人類の歴史だけでなく、大宇宙の進化の全体がその意味を全うできるかできないかは、一見はかないように見えながら、霊界と物質界とを仲介しうる唯一の存在者である人間の在り方にかかっているのです。そういう立場でシュタイナーは、「人智学」という思想を展開しました。一番基本的には、シュタイナーは人間とその使命をこのように考えたのです。

人間再生の場、シュタイナー学校

ところが今の時代に、あらためてわれわれが自分を振り返ったとき、決して今言ったような意味での「人間」が生かされてはいません。そのことをだれよりもシュタイナー自身が感じていました。彼よりも一世紀近く後に生まれたわれわれもまた、毎日の生活を営むときに、自分がそのような壮大な宇宙進化をつかさどる一員であるなどとはとても感じられません。毎日無事に一日を過ごすのが精一杯です。仕事に疲れて、憂さ晴らしをしたり、何か楽しいことで時間を使ったりして、次の日のために力を蓄えることで精一杯です。ですからうっかりすると、われわれ人間もまた、他の動物と本質的には変わりなく、ただ動物のやや進化した形が人間なんだ、と感じてしまいます。たとえ人間の精神の中には、役割、意味、存在の根拠、存在の目的などが組み込まれていると思えても、その一方では、私なら私という人間が現実に生きています。そしてその私と、本来の全人としてのアントロポスとを比べてみますと、私はアントロポスの何十分の一かを担って、今ここに生きているだけなのです。われわれひとりひとりは例えば男、女、日本人、若者、老人、肉体労働者、教師、画家、政治家、等々の役割のどれかをそれぞれ担っています。ところが「アントロポス」は、同時にそれらすべてなのです。そして人間としての喜びや悲しみのすべてを内に担っています。けれどもわれわれ自身はその中のごく一部分でしかありません。そう考えますと、不思議なことに、ギリシア神話や、それよりもっと古いエジプトの神話に、ある種の親近感が生まれてくるのを感じます。というのは、古代エジプトにも、古代ギリシアにも、今私が言いましたようなことが、神話の基本部分、つまり神話素として出てくるからです。例えばエジプトにはオシリスという有名な神様がいますけれども、このオシリスの中にアントロポスのイメージが投影されています。偉大な神王オシリスは悪の力によってばらばらに切り刻まれて、あらゆる所にまき散らされます。それでイシスという、妹でもあり、妻でもある女神がいわば愛の具現者として、それを拾い集めて、オシリス、つまりアントロポスの姿をもう一度復活させるのです。

同じように、ギリシアにもディオニュソスの神話がありまして、ディオニュソスもまた、自分の体を切り裂かれますが、そこから新しい「若きディオニュソス」がよみがえり、地上の救済者になるのです。考えてみると、われわれもみんな自分の中に「アントロポス」を本来担っているはずなのに、実際にはそのアントロポスの、ばらばらに切り刻まれたごく一部分だけを今体現しているにすぎません。けれどもそうだからこそ、そういう人間がいろいろな所で出会い、そして共同体を形成する中で、人間同士がイシス（あるいはソフィア）の働き、つまり愛情の働きを通して一つに結びつこうとするのだ、という発想もそこから生じてきます。そして今言いました発想、すなわちアントロポスを受肉させ、再生させる働きがシュタイナーの「人智学」なのです。シュタイナーが「一般人間学」という言葉を使ったとき、「一般」という言葉でまず第一に、このことを言いたかったわけです。完全に細分化されてしまった一人一人の人間がまた集まって、本来の人間であることの意味と尊厳とを再び取り戻すためには、何が問題なのかを考えるのが、「一般人間学」である、ということになります。そしてそういう「人間」復活の行為を実現する場所として、一番基本的に重要なのは学校だ、とシュタイナーは考えたのです。

シュタイナー学校の実践

学校は、どんな所にも、どんな田舎や大都会にも存在しています。そしてみんなが自分の生活形態を変えることなしに、それぞれの生活を営みながら、そこに子供と親と先生とによる一つの共同体を生み出すことができます。「新しい村」でも「山岸会」でも、従来の生活形態を別な方向に切り替えて、生活ぐるみの共同体に参加するのですが、学校共同体の場合にはそこまで徹底することなく、みんながそれぞれの場所で参加できます。特に都会生活を営んでいる市民にとって、学校は共同体として、かけがえのない意味を持っている、とシュタイナーは考えたのです。

それではいったい、今の学校が、果たしてそういう共同体の役割を果たしているか、ということになると、シュタイナーの時代にもまったくそうではなかったのです。ですからシュタイナーはこの新しい発想の下にシュタイナー学校という私立（つまり自由な）学校を作って、そこで今言った方向での実践をやろうとしたのです。もちろんその実践は不完全な人間のやることですから、すぐに理想的な形をとることはできません。しかし明らかな目標が与えられ、そこへの具体的な道筋が与えられれば、みんなが力を合わせて、同じ方向に向かって歩むことができます。

シュタイナーの教師像

シュタイナーの教師像は以上の点と深くかかわっています。ですから「一般人間学」を読みますと、冒頭の部分と最後の結論の部分に今言いましたことが非常にはっきりと記されています。

この本の最後には、教師は決してペダンティックな態度をとるべきではない、と書いてあります。「ペダントリー」と教育者であることとは、絶対に両立しえない対立概念だ、教師であろうと思ったら、自分の中のペダントリーをすべて捨てなければならない、というのです。ペダントリーとは何かといいますと、杓子定規に細かいことを突っついて、この態度は正しいとか正しくないとか、この考え方は厳密であるとかないとか、いちいち問題にする態度です。

このペダントリーは学者の持っている大事な要素ですけれども、もし先生がペダントリーを少しでも自分の中に持っていて、それを教育の手段に使おうとしたら、絶対に本来の教育は成り立たないとシュタイナーは言うのです。

では、それに代わるものとして、何があるのか、といいますと、三つの問題が教育者にとって重要だ、と言っています。そしてそれがこの本の結論になっているのです。その三つとは、第一に生き生きとした創造的なファンタジーを持つこと、第二に未知なる真理への愛と勇気を持つこと、第三に真実なものへの責任感を持つこと、この三点がペダントリーに代わる、教師にとっての最も重要な態度だ、というのです。

この点をもう少し詳しく考えてみましょう。ペダントリーは、いつでも同じことを振りかざしてはそれを繰り返す態度であるとも言えます。一年前に正しかったことは現在も正しいし、来年も正しいにちがいないという態度です。そして来年だれかが別なことをやろうとしたら、去年の、あるいは今年の既成の事実を突きつけて、「それはダメだ」と言うのです。シュタイナーが教師の一番基本的な態度として、まず要求したのは、昨日の真実はもはや今日の真実ではない、ということだったのです。昨日、もし生徒にあることを物語って、そして今日また別のクラスで同じことを物語るとしますと、教師は昨日話したことを憶えていて、その記憶のままに今日また話すことになります。ところがその記憶内容は教師の中で死んだものになってしまっています。死んだものを生徒に伝えようとすれば、その生徒は死んだものを受け取るしかない、というのです。このことは幼稚園児や小学校一、二年生に毎日同じ童話を繰り返すこととちょっとニュアンスが違います。同じ童話を繰り返すときには、それを物語る先生にとって、毎日その物語の中に感情移入できるという態度が求められています。ちょうど芝居で一か月間、役者が毎日同じ科白（せりふ）を言いながら、その都度役割の中に感情移入して、今日初めて役を演じるかのように舞台に立たなければいけないように、毎日同じ童話を話すときにも、先生は今日初めて話すかのように、生き生きと、感情を込めて話さなければいけないのです。

すぐれた教師

けれども今ここで問題にしているのはそれとは別のことなのです。

例えば、私が今日東京で講演をして、一週間後にまた新潟で講演をするようなときに、今日と同じ講演を新潟でもやるとすると、私は話をする相手に対して、どこかでうその話をしていることになる、というのです。その都度新しく、自分の内部で、創造的に生み出される思想内容を語ることができたときに、初めてその思想、あるいはその言葉が生きた真実の言葉として、相手に伝わるのだ、とシュタイナーは言うのです。

それがシュタイナーの教える態度の一番基本的な要求です。どんなときにも、ノートを見ながら話をしてはいけないとも言っています。ノートを見ながら話をすると、生徒は、先生さえ憶えていないのだから、憶える必要はないだろう、と考えてしまいます。書いた言葉を見ながら話すことは書物を読むのと同じことですから、聞いている人も、書いた文章を印刷してもらって、それを読めばいいと思うでしょう。ところが、もしだれかが話しているうちに、言葉に詰まってしまい、何分も、ううとか、ああとか言いながら立ち往生しているとします。そうすると、そういう態度は少なくとも一つのドラマになっていますから、そこに真実の思想の体験が生じる、というのです。そのようなときに聴き手のだれかが、口には出さなくても、「そこはこういう表現をしたらいいんじゃないか」、と思ったりすると、それは共同の思想作業をやっていることになります。私が話す内容を全部頭に入れて、それを思い出しながら話すことになると、そこに言霊の力が働く余地がなくなってしまいます。

千鳥足でもいいから、原稿なしで話すのがシュタイナーの態度で、このことを特に教育の現場でシュタイナーは要求したのです。もちろん準備は十分しなければいけないわけですけれども、準備をした上で、眼の前の生徒たちの気持ちに応じた内容を、生徒たちが多少疲れているときには、その疲れている子供の魂にも入っていけるような内容を、まだみんなの気持ちが新鮮なときには、多少難しい内容を、というように、絶えず子供たちと一緒に考えながら、新しい言葉を求めていく、そういうことができるかできないかということがすぐれた教師であるかないかの境目なのだ、もしそういうことができないと思ったら、なるべく早く教師をやめて別な職業に就いたほうがいい、というわけです。「一般人間学」の最後をお読みになるとそう書いてあります。

ですからまず第一が創造的な構想力、ということになります。

三つの原則

その次は、未知の真理への愛と勇気、です。これはどういうことかというと、ペダントリーの立場に立つ人は、大抵は真理というものが既にある、と思っているのですね。過去にすでに実現されたものが真理だと思っているのです。ですからその真理を、書物を通してとか、あるいは学校で習うとかして身につけたら、今度はその真理が自分の中で、いつでも、どんなときにでも、同じような形で取り出せると思っているのです。何という本の何ページに、こういうふうに書いてある、と記憶していて、だれかと話すときに、「しかし、それについてはだれだれさんが、何々という論文の何ページめにこういうふうに書いてあります」と言えればいいわけです。昔マルクス主義の研究家で『資本論』をよく暗記していて、『資本論』第一巻の何ページにこう書いてある、というようなことを言って、論敵に何も言わせなかった学者がいましたけれども、そういう態度はペダントリーなのですね。

ところがシュタイナーにとって、真理は不確かなものなのです。手探りで、不確かさの中で一生懸命真理を探りあてようとする行為の中に、本当の真理の光というものが現われてくるのであって、確かさの道の上に、既成のものとして、真理があるのではないのです。その場合の真理とは、例えばフランス革命が起こったのは一七八九年だ、という種類の真理ではなく、フランス革命は今の時代にとって何を意味するのか、というような観点にとっての真実です。そうすると、その時々でフランス革命に対するかかわり方が変わってきます。フランス革命という一つの歴史上の事件が、その時その時で別な姿で見えてきます。その場合、どのように生き生きとその姿が見えているかが勝負だというのです。

　ですから、不確かさの道を歩もうとする勇気ということが、二番目に書いた、真理への勇気ということになるわけです。そして、それには、真理を探究したいという、基本的な衝動、基本的な真理への愛がなければいけない、というわけです。

　それから第三は、真実なものへの責任感ですが、今言いました二つの方向は、うっかりすると気質でいう多血質型の考え方になってしまいます。多血質の人でしたら、そういうことは比較的やりやすいことです。多血質型は、いろいろなことに興味があるけれども、一つのことにじっくりと取り組むことを苦手とするタイプです。子供はそもそも想像力がたくましいですから、多血質の子供になると、お父さんもお母さんも健在なのに、よその家に行って、自分にはお父さんがいないの、と言って悲しそうな顔をしたりして、だれかが同情したりすると舌を出したりすることになります。そういう人というのは、創造的構想力も真理への愛と勇気もわりに持ちやすいのです。しかし三番目の、真実への責任感になると、そういうわけにいきません。自分が手探りでやろうとしている行為が、生徒たちに対しても、自分に対しても、真実なものでありうるようにという、そういう種類の責任感を伴っていなければならない、というのです。

　こういう三つの原則の上に、教育のあるべき姿を求めていくことを教師に求めているのが、「一般人間学」の結論の部分になっています。

エゴイズムの時代の教育

冒頭の部分にも大変重要なことが書いてあります。人間のエゴイズムに対するシュタイナーの見解がまず出てくるのです。今の時代は、シュタイナーにとって、何千年何万年という長い人類の進化過程の中で初めての「自由の時代」だというのです。それまでは、伝統なり、社会的な拘束なり、支配者対被支配者という社会秩序なりを通して、生活様式がいつも外から、あるいは上から与えられてきました。そういう仕方で何千年何万年と続いてきたわけです。けれども今の時代の人間は、自分自身の生活様式をすべて自分の中から生み出すことができます。その点でまったく新しい時代に入ってきたわけです。しかしこの「自由の時代」は同時に「エゴイズムの時代」でもあります。

外から原則が与えられ、それに従って社会に参加することが当然の時代には、なんらかの意味でエゴイズムに対する歯止めがかかっているのですが、今のような時代になると、一人一人が自分で生活の根拠なり、意味なりを見出さなくてはいけませんから、どんなふうにでも自分を正当化することができるわけです。そうなれば、当然エゴイズムが大手をふってまかり通ることになります。

ですから宗教生活の中でさえも当然のように、はっきり表に現われているにしろ、いないにしろ、自分自身だけの現世利益（りやく）が中心になっています。現世利益を否定しているように見える宗教観の中にも、同じようにエゴイズムが作用しています。

それが悪いというのではなくて、そういう時代に今われわれが生きているということを意識しなければいけない、というのです。そうしますと、そこには当然時代の影の部分が見えてきます。「どうしたら社会をよりよく生きることができるか」は、「どうしたら他の人よりもよい条件で生きることができるか」に置き換えられているのに気がつきます。宗教生活においても、宗教を持っていない人より、持っている人のほうがより有利に生活できるから宗教を持つとか、死ぬことに対する不安がなくなるから宗教を持つとか、死んだあとで幸せになれるために宗教を持つとか、そういう考え方から宗教生活に入っていき、善い行ないはそれに対するよい報いを予期して行なわれることになります。

そういう考え方を批判しようというのではありません。ただそういう考え方の中に埋没していると、一つの大切な部分が見えなくなる、というのです。そのために今必要なのは、未来に関心を寄せることだけではなく、過去へ、根源的な部分へ眼を向けることだ、というのです。

生まれる以前からの運命

教育に関して言うと、今、教育者にとって見えなくなってしまっているのは、この世に生まれてきた人間の生まれる以前からの運命です。どこへ行こうとしているのか、にばかり気をとられて、どこから来たのか、という問いを忘れていること、それがエゴイズムの時代の教育における一番の問題点だというのが、「一般人間学」の冒頭でシュタイナーの言おうとしたことだったのです。

一般に人間を考えるときには、まず、この世に生まれてきたばかりの赤ちゃんがどういう存在なのかを、すべての先入見を捨てて見直すところから始めるように、というのです。まだまったく頼りないように目の前で泣き叫んでいるこの赤ちゃんも、その中に遠い過去からの豊かな経験を潜在的に含んでここにいるのか、それとも今はじめてこの世に生を享(う)けたのだからいろんな仕方で教育し、枠にはめることで、今の時代の社会が必要としている有用な人間になるように外から形成すべきなのか、この一番決定的な出発点をどちらにとるかが、教育者の最初の課題だ、と言うのです。

この二者択一の問題が、問題として見えているかいないかが、まず最初に問われなければばいけないのに、この問題は大体において無視されています。宗教と結びついた教育思想においても、せいぜい、老後と死後の人間の運命に眼が向けられているにとどまっています。

幼児の魂と肉体

まずシュタイナーは、この世に生まれてきた赤ちゃんには二つの大きな、互いに矛盾した要素が生きて働いていることに注意を向けています。つまり赤ちゃんの中には一方で魂の要素が生きて働いており、他方で肉体が今新しい営みを始めています。そしてこの魂と肉体とは、はじめのうちはまだ不調和な状態にあるので、正しい結びつきを獲得しようとして苦しんでいます。その緊張をはらんだ対立の中ですべての赤ちゃんが生きているというのです。

魂の部分は、眼に見えませんけれども、赤ちゃんの肉体の背後で、ほとんど眼に見えるくらい生き生きと働いています。頼りなげな肉体がそれを一生懸命表現しようとして泣いたり笑ったりしています。教育者はその幼児の魂と肉体との間に、生まれたときから、正しい結びつきを作っていかなければなりません。

そう考えるとき、幼児の魂が、教育者にとって、とても計ることができないくらい広大な拡がりを持った背景から現われてくるように思えます。この赤ちゃんの背景に、どんな運命が存在しているのか、その運命の連鎖の中で、この赤ちゃんが今新たに地上に生まれ変わって、この世を生きようと一生懸命努力している。いったいそういう魂に対して、自分の限られたわずかな力がどのくらい役立つことができるか、そう考えると、思わず厳粛な気持ちにならざるを得ません。

ことによったら自分が全然理解できないくらいの大きな運命をこの子供はこれから背負って生きようとしているのかもしれない。自分とはかけはなれた偉大な魂の持ち主であるかもしれない。そういう子供に自分がいいかげんな態度で、もしくは自分自身の運命だけを尺度にして向かい合ってしまったら、その子の魂を助けてやるどころか、ただ苦しめてしまうだけではないのか。これがまず教育者として最初に持つことのできる、持たなければならない印象なのです。

その次に、それにもかかわらずそういう一番大事な役割を、今自分が親として、教育者として引き受けるのだ、それは自分にとって、何という大きな仕事であることか、という一種の祝祭的な気分が生じてこなければなりません。今自分がやろうと思っているのは最も日常的な行為のように見えるけれども、本当は最も非日常的な、祝祭的な行為なのだ。

それは今まで別な世界で神々や天使たちが行なっていたことを、今自分が神々や天使に代わってやろうとしているのだ、という感じ方です。

正しい呼吸と眠り

そういう気分の中で、子供の魂と肉体との不調和に対して教育者が何をしてやれるのかというと、シュタイナーは二つのことができると言っています。その二つとは、正しい呼吸と正しい眠りを子供に教えることなのです。

魂と肉体の最も基本的な結びつきの形は、呼吸という行為だとシュタイナーは述べています。呼吸することで赤ちゃんはまず最初にこの世の物質的な世界の要素を自分の中に取り入れます。そして取り入れた物質界の要素、つまり酸素は、体内で血液の中に入って、新陳代謝を助け、もう一方では、ちょうどヨガが教えているように、息を吸い込み、脳の神経組織をリズミカルに刺激することによって、人間の神経・感覚器官に働きかけ、人間の精神の目覚めをうながすのです。ですから呼吸することの中で、物質界の要素と神経感覚器官を通して働いている魂とが結びつくのです。そのときに、周囲の環境が子供にとって不調和であったり、辛いものであったりしたら、その子供は呼吸が規則的に行なえなくなることを通して、このことに敏感な反応を示すのです。ひどいときには、ひきつけを起こしたり、呼吸困難になったりさえします。幼い子供は、なんらかの意味で自分に納得できないような環境を与えられますと、まずそれを呼吸を通して表現するのです。

同じように、赤ちゃんはほとんど一日の大半の時間を、眠って過ごしているわけですから、あらためて赤ちゃんに眠りの仕方を教えるなどということはあり得ないことですけれども、赤ちゃんの眠りと大人の眠りとはまったく違ったもので、大人は眠ることによって、目覚めているときの生活経験を眠っているときの無意識の世界の中に取り込み、その無意識のまったく非物質的な魂の領域の中でそれを消化して、そして目覚めたときに、再び霊魂の世界の中からその魂の栄養分を肉体の中に注ぎこむことができるのです。これが大人の眠りの基本的な在り方だとシュタイナーは言っています。

赤ちゃんの眠りは、まだ日常経験の内容を無意識の内部に取り入れて、消化したり、それを魂の新しいエネルギーにして、次の日のために用意したりすることができません。それをするためには何年もかけて経験を蓄積して、大人の眠りの方向に生活全体を発達させなければなりません。けれども最初の生活環境が、無意識の中に取り込むことを拒否したくなるような種類の経験しか幼児に与えないとすると、そういう発達への意志が失われ、できるだけ日常経験から離れようとする子供の無意識の営みが眠りの在り方を非常に不健全なものにしてしまう、というのです。

子供はこの世に生まれてからの一年間に、立ち上がって歩けるようになり、次の一年間に言葉が、名詞、形容詞、動詞の順序で話せるようになり、三年目の一年間に記憶力が自我の意識作用と結びついて、自分と周囲との違いを知るようになってきます。最初の三年間にこのようにして判断力の基本が備わってくるにつれて、子供は意識的に周囲の日常世界とのかかわりを深めていくのですが、このような幼児の根源的な社会適応行為のために、子供が共感、喜びをもって受け止めることのできるような生活環境を作ってあげなければいけません。子供の魂が肉体を通して外の世界と向かい合うときに、周囲が子供を祝福しつつ、好意をもって見守ってくれるならば、子供の呼吸作用と睡眠作用が調和的に働くことができます。そういう環境が与えられたとき初めて、赤ちゃんは魂と肉体との結びつきを少しずつ獲得していく、というのです。

このようにして、子供の最も基本的な人格の調和が作られていきます。それはちょうど植物の種が大地に埋められ、暖かい温度と日の光と水分とを与えられるのとまったく同じであって、いわゆる鍛錬の必要は、もっとあとになってから問題になることなのです。

さて、そのようにして、無意識的に子供の魂は、肉体の中で、健全な根を生やし、健全な葉を広げます。そこまでの成長のプロセスを考えるときに、もし子供が無から生じたものだという考え方に立つと、今言ったことが理解できなくなる、とシュタイナーは力説しています。種子が開花と結実の結果として、今ここに存在しているように、子供の魂もまた長い運命のプロセスをたどったすえに、時期が来て、再びこの地上で人生を歩みたいという衝動にうながされて、今この世に生まれ、そして一生懸命新たに与えられた肉体と結びつこうと努力している。このことを基本的に先生や親が感じ取って子供に向かい合うときに初めて、今言いましたような、調和した環境を子供に提供することができる、というのです。

霊と魂と体

「一般人間学」は以上に述べたようなところから始まります。そして、ご承知のとおり、人間は霊と魂と体という、三つの本性から成る複合的な存在だという、『神智学』で詳論されている観点に立って、教育を考えています。

教育との関係で考えますと、霊とは意識の在り方、意識の発達段階をつかさどる人間本性の働きです。魂というのは、これに反して、何かに対する関わり方、関わるときの働きを言い、「共感」と「反感」を基本にしています。そしてシュタイナーは幼児教育においては、特に「魂」の教育を中心に考えております。なぜなら魂が他の二つ、霊と体とを仲介する働きだからだ、というのです。

そこでまず魂ですが、この魂の両極として、認識する「思考」の働きと、目標に向かって歩もうとする「意志」の働きをシュタイナーは考えています。思考はしばしば「表象」という言葉に置き換えられています。これはシュタイナーがショーペンハウアーという哲学者から学んだ基本用語です。一方の極に表象やイメージを生み出す生活、他方の極に意志の生活、目的を持って生きる生活があって、その中間で魂の共感と反感が感情として働いているというのですが、まずシュタイナーは表象の問題と意志の問題から考えていきます。

次にシュタイナーは霊的な存在としての人間の問題を考えようとします。そして最後に肉体としての人間の存在を考えて、そして結論として最初に申し上げましたような方向で人間学の意味づけをすることになるわけです。

そこでこれから霊と魂と体の問題を、教育の観点から見た一般人間学として具体的にお話しできればと思います。

知的態度の特徴

そこで思考＝表象の問題に移りたいと思いますが、よく思考を知的作業と同じものと考えがちになるので、はじめに知的な態度の特徴を具体的に考えてみましょう。例えばシュタイナーの教育の研究会に、だれか非常に知的な人が参加していたとしますと、その人の態度は非常に際立ってきます。人間は霊と魂と体の存在であるとか、魂は感覚魂、悟性魂、意識魂の三つの部分で成り立っているとかということを、仮に『神智学』というシュタイナーの代表的な著作の中で読んだとします。そうすると、普通の人はまず、なぜシュタイナーがそのような聞きなれぬ言葉で人間の本性を説明しようとするのか考えようとします。けれども知的な人はすぐに、いろいろな疑問をそこから引き出してきます。なぜ感覚魂、悟性魂、意識魂でなければいけないのか。魂の一番大切な認識態度は直観だから、直観魂があってもいいのに、どうしてそれがないのか。魂の本質を、どうして三つに区別して、四つに区別しないのか。あるいは二つではどうしていけないのか。あるいは、自我という言葉を聞くと、すぐに、しかし自我は非常に不明確な概念で、自我と自己という二つの言葉があるけれども、シュタイナーの自我は自己については述べていないのか。そういったような疑問がたちどころに雲のようにわき起こってくるわけです。けれども、もしだれかがそのようなことを言い始めると、研究会は突然知的な雰囲気に包まれて、結局何がなんだか分からなくなってしまうのです。そしてその知的な人は何となく不満で、自分が出した大事な問題が少しもここでは解決できていない、こういう研究会には行く気がしない、ということで終わってしまうことになります。

もちろん、こういう知的な態度は、非常に大事なものです。けれども知的な態度で何かを学ぶときには、いつでも自分が身につけた既成の尺度が、前提になっているのです。そしてその既成の尺度に合わないことには、批判の目を向けようとします。そうしますと、一見活発な議論になるのですが、その議論は、どこか実体が乏しく、どこか言葉の戯れとか、論理のあやとか、もっとはっきり言うと、知的な遊戯の方向に行ってしまいかねないのです。

われわれはいわば小学校のころから、そういう知的であることの訓練はいっぱい積んでいます。問題はこのような方向での教育を徹底していったとき、子供の魂に何が生じるのか、です。

いわゆる批評家的な態度を考えてみましょう。例えば私が新聞記者として、どこかへ取材に行く場合に、私自身は特定の立場に立つことが許されないで、白紙の、あるいは透明な状態で出掛けます。そしてだれかが自分のことをいろいろ説明するときにも、まったくクールな態度でそれを聞くことができなければいけないわけです。うっかり相手のペースに巻き込まれて、相手の気持ちに同感したり、同情したりして記事を書くとすると、その記事に客観性が乏しくなってしまうかもしれません。報道する側の態度としては、自分というものをまったく中立的な立場にいつも置いておかなければいけないことになります。そうすると、中立の立場に置かれた人間にできることは、結局、もっぱら知的で批判的な態度に終始するということでしかなくなるのです。音楽会や映画や芝居に行って、それについて記事を書く場合にも、うっかりして、へたな演奏に感動して涙を流して、その感動をそのまま書いてしまったら、音楽批評としては落第です。いつも、今の時点での技術の水準とか、現在よく聴くサウンドがどういうもので新しい響きがどういうものかとか、そういったことをクールな、目覚めた目で、あるいは耳で感じとり、この演奏家にはこういう新しいところがあるとか、前よりもこういう進歩があるとか、客観的に述べていかないと、客観的な批評にならないわけです。これも知的な態度の一つの典型です。

知的な態度の特徴というのは、ある対象、人間でも、学問でも、音楽でも、社会でも、ある対象に向き合ったときに、その対象と自分との間に距離を置く態度です。近づこうとしたら、知的な態度にならないのです。特定の距離を置いて、そこから相手を眺める、という態度をとらないと、知的であるとは言えないのです。相手と自分との間にいつも距離をとっておくこと、離れたところから、相手が一流か二流かを見定めようとすること、それをしないと、知的裁判官である批評家にはなれません。知的な態度は、同時に批判の態度なのです。

定義づけと性格づけ

知的な態度の特徴は、いつも定義づけることです。まず人智学とは何か、を問います。そして人智学とはこれこれしかじかのものである、と定義しますと、次にはこの定義にどこか欠けている点はないか、矛盾は含まれていないか、文法的な誤りはないか、というふうに見ていきます。この「定義づけ」の正反対は「性格づけ」ということです。性格づけもやはり一つの認識の態度なのですけれども、定義づけとは異なり、その表現は完全であることを意図しないで、ある面の特徴を把えようとするのです。いろいろな角度からの性格づけを、無数に繰り返していく中で、ヴィジョンとして、相手の本質がだんだん眼に見えるものになってくる、という認識の態度が、性格づけなのです。シュタイナーはいつでも性格づけをしていきます。そしてできるだけ定義づけを避けています。それはあまりに私たちが知的になり過ぎているために、知的であることをできるだけ意識化して、その対極を同時に生かそうとする努力がシュタイナーの中にあるからです。

以上が知的ということの一つの「性格づけ」なのですが、シュタイナーは、「教育はどんな意味でも知的な方向を取ってはならない」と言います。

それではどういう方向を取るのかというと、意志的な方向を取るのです。

昔、シュトゥットガルトに初めて行き、そこでシュタイナーについて学び始めたときに、私はどういう態度をとったかといいますと、そのころ毎日のように講演会がありました。そしてシュタイナーを学んでいる人たち（いわゆる人智学者たち）は毎日のように講演を聴きに行ったのですね。私はどういう態度をとったかというと、全然講演に行かないで、自分の部屋で、ひたすらシュタイナーの講演録を読みあさっていたのです。そのときに私が考えていたことは、みんな何で講演なんかに行くんだろう、シュタイナー自身の書いた書物があるのだから、書物を通していくらでも認識が深められるのに、水増しされたシュタイナーの弟子の話していることをわざわざ聴きに行ったら、時間の無駄ではないか、そう真剣に考えたのです。それでどこにも行かないで、毎日朝から晩までシュタイナーの本を読んでいたんですけど、そうしましたら、あるとき、私の恩師であるフーゼマン先生がこんなことを言われたんです。「本ばかり読んでると、あなたの精神力が非常に弱まってしまいますよ」。それでびっくりしたのですが、その意味がよく分かりませんでした。それでは、どうしたら精神力が強まるのですか、と聞いたら、ひたすら感覚を働かせて、物を見たり、感じたりすればいい、と言われるのです。そのときの話は私にとって、一種の禅問答みたいな感じでした。それ以上突っ込んで質問するにはドイツ語があまりよくできませんし、何となく質問すべきではないような気もしましたので、自分でよく考えてみたいと思ったのですけれども、その時点では結局よく分からなかったのです。私としては本を読めば読むほど、精神力は強まると信じ切っていたのですから。

ところが今になって考えると、講演を聴くことの中には、感覚を働かせる行為が非常に含まれています。しかも感覚と知性とがそこでは共存しているのです。それからあとで知ったのですが、シュタイナーは、そこに人間がいるから出掛けていくのだ、という感じ方をとても大切にしたようです。それに対して私のように、一種の人間嫌いになって、自分の部屋で朝から晩まで本を読むことに充実感を感じているときには、どちらかというと、かなり自閉的になっています。私は自閉的であることが人智学を学ぶ条件のように、純粋に思っていたわけです。

ところで私がそうして一年ぐらい読書ばかりしていましたら、自分の内部がとても知的になってきました。人と話をするときに、さっき私が言ったような形で人と議論するようなことになってしまったのです。だれかと話をするとき、相手が大学の教授でも、友人でも、学生でも、あるいはシュタイナーの研究家でも、こちらからさっき言いましたような仕方で質問をしていって、相手が答えられないと、相手に限界を感じました。この人もこの程度か、という感じで引き下がってきたのです。

明るい表象と暗い意志

　このような魂の在り方は、「一般人間学」では「表象」という言葉で説明されています。図の左側に、「過去」と結びつけて「表象」と書きました。表象とはあまり聞きなれない言葉だ、と思うかもしれませんが、表象の「象」は対象、形象、印象などというときの「象」です。形もしくはイメージという意味です。そして表象の「表」は表（おもて）という意味ですが、どこの表かというと、意識の表面のことです。ある形、シュタイナーがここで用いている場合には、主として概念や言葉と結びついた思考内容のことですが、それが意識の表にあらわれてくるときに、それを哲学用語として表象というのです。

　それに対して、その対極をなす概念は、前にも触れましたが、ショーペンハウアー以来、「意志」と言われています。

　人間の意識活動の中で、一番明るい部分が表象であり、一番暗い部分が意志だ、と普通

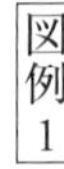

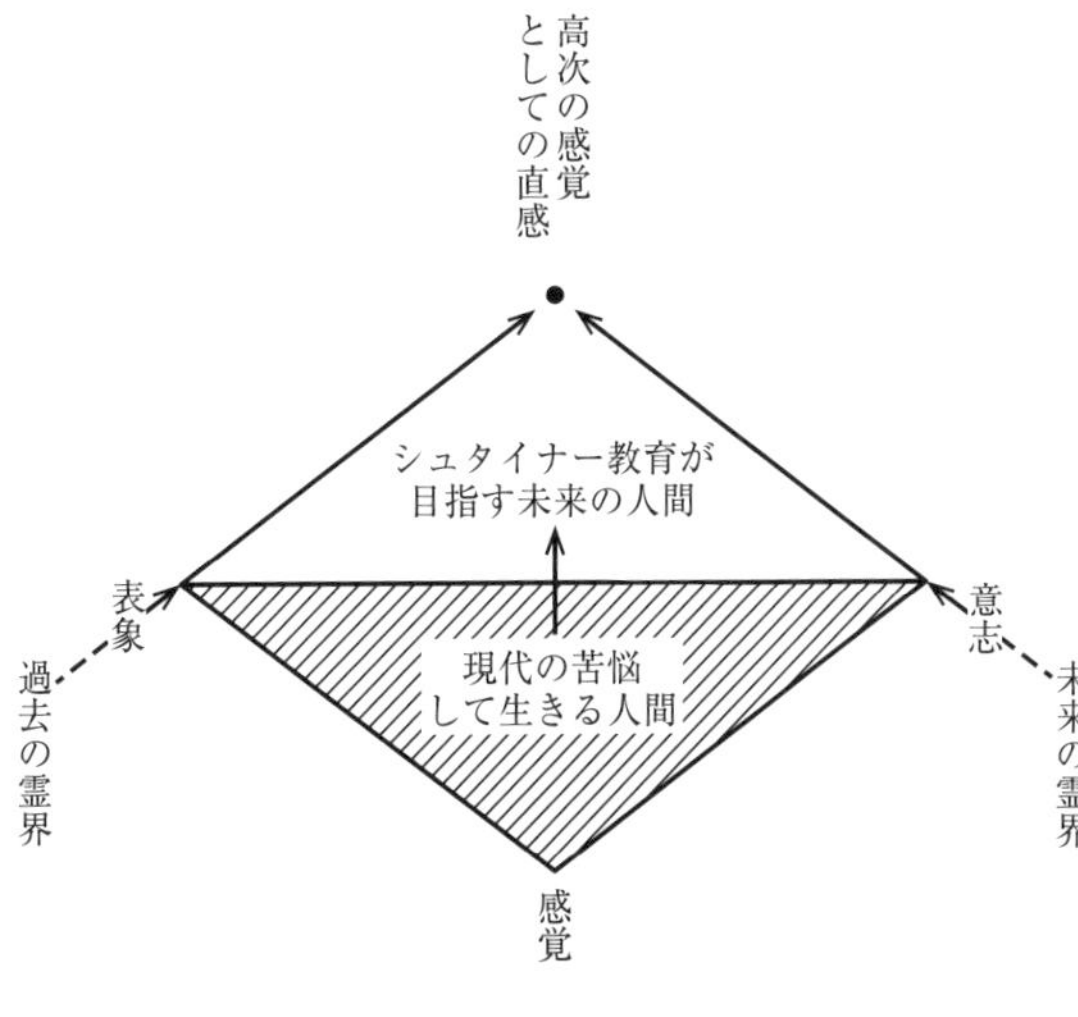

考えられています。ですからユングやフロイトのような深層心理学者は、意志という言葉で無意識の働きを考えています。ショーペンハウアーも意志を人間の知的認識の光があたらない部分に位置づけています。熱狂の瞬間に、時たま意識の表面にぱっと現われては、また消えてしまうような暗い根源の生命力を意志と呼ぶのです。

それに対して表象は意識の明るい部分を構成しています。知的であるということは、「一般人間学」では、「表象」を働かせていることを言うのですが、この点に関して、シュタイナーはびっくりするようなことを言っています。

「表象活動とは、われわれがこの世に生まれてくる以前の、霊界での体験内容の反映である」と言うのです。

それから「意志とはわれわれが死んだ後に初めて本当の姿を現わすものの萌芽である」と言っています。言い換えますと、われわれの意識の一番明るい部分に知的に現われてくるものは、すべてわれわれが生まれる以前の霊界での体験の反映である、それから意志はこの世ではまだその意味を十分に現わしてはおらず、死後の世界の中で初めて完全な姿を現わす、と言うのです。

「一般人間学」のこの箇所は最初の大きなつまずきの石になるところだと思うのです。表象という、非常にはっきりとその内容が分かっているものが、なぜ生まれる以前の体験の反映だと言えるのか。どうして意志が死後の世界の中で花を開くものの芽生えなのか。ちょっと理解しかねる説明なのですね。

しかしこのところは、いわばシュタイナー霊学の一番土台の部分なので、突っ込んで考えてみる必要があると思うのです。今から十何年か前に、ユングの心理学の中で認識論に最も直接かかわっている著述を読んだことがあります。それは「象徴の変遷とリビドー」という文献で、おもしろいことに一九一九年ごろ、ちょうど「一般人間学」と同じ時期にユングが書いていたものなんです。その中でユングが提出した発想はユングにとって非常に根本的に重要だったので、それから晩年に至るまで、ユングは常にそこから問題を展開し、いつもそこに帰って行くような著述でしたが、その中でユングが言っていたことは、これから申し上げたいと思っていることと、まったくと言っていいくらい同じなのです。

ちょうどユングはバーゼルから汽車で一時間くらい離れたチューリッヒの郊外に住んでおり、シュタイナーもバーゼルの郊外に住んでおり、互いに共通の友人を持っていました。例えばヘルマン・ヘッセは両者に共通の友人でした。そういう非常に近い精神的な風土の中で、真剣に人間の本質を考えていった二人の偉大な思想家が共通の発想に至ったということを、とても大事なことだと思っています。そしてそのことを考えますと、シュタイナーが展開しているこのなぞの部分も、とてもはっきりと解けてくるのです。

「退行的」と「前進的」

ユングは知的部分を「プログレッシブな思考の働き」、意志の部分を「レグレッシブな思考の働き」と言っています。レグレッシブは「退行的」、プログレッシブは「前進的」と普通訳します。そのプログレッシブな部分はシュタイナーがこの図式で「表象」と言ったところと一致するんです。何で「前進」なのかといいますと、それは社会に、あるいはこの世に適応するための認識の努力が知的な表象行為なのだからです。社会に適応するには、言葉を媒介としなければなりません。今私が読者にシュタイナーの思想を理解してもらおうと、一生懸命認識もしくは思考の作業をやりますと、私は言葉でもってそれをやらざるを得ません。私の行なう知的な作業は、ユングに言わせればプログレッシブな思考作業になるわけです。それは言葉を機能させ、言葉で特定の事柄を表現する行為です。ユングは、そのような場合には、一つの思考の流れが常に首尾一貫していなければならず、同時に合理的でなければならない、そしてそのような首尾一貫した合理的な言語表現を行なうには、ひどく頭の疲れる作業を集中的に行なわざるを得ない、と言うのです。

疲れる作業を夢中でやっているものですから、私の魂の無意識の部分は「もういいかげんにしろ」とか、「お前のその努力はいつ終わるのか」とか、何かそういった種類のことをささやいている、とユングは言うのですね。

退行的プロセス

ユングに言わせると、「それと正反対の思考のプロセスも一方にあって、それがレグレッシブなプロセスだ」と言うのです。一方、フロイトにとってのレグレッシブとは思考を意味せず、むしろ快楽や安楽に帰ることを意味していますから、フロイトの立場に立つと、プログレッシブな行為だけが唯一の社会的な行為であり、文明を形成する建設的な行為になります。レグレッシブは例えばセックスの行為の中に我を忘れたり、お酒を飲んで陶酔したり、眠り薬を飲んでぐっすり眠ったりする場合です。けれどもユングは、レグレッシブな態度の中にも一つの認識行為があって、これも社会的に重要な意味がある、ということを、今言いました書物の中で、何とか論理化しようと、つまりプログレッシブに努力したのです。そしてその努力を晩年まで繰り返したのです。その結果ユングの到達した結論は、言葉による首尾一貫した論理のプロセスとまったく違った形で、今まで見えなかったものが見えてきたり、気がつかなかった意味の世界がひらけてきたりする。その意味の世界に納得のいく表現を与えようとするには、論理的な緊張ではなく、もっと全然別な形で、例えば詩とか音楽とか絵画とかという形式をとって、行なうことができる、と言うのです。

童話を作ったり、神話を生み出したり、あるいは宗教的な行事を行なったりする場合は、論理的に緊張をはらんだ態度ではないのですから、そのときの無意識は、「やめろ、やめろ」とは言わないで、無意識も大喜びで参加することになる、というのです。無意識が喜んで参加するので、無意識の部分がだんだん見えてきて、そして無意識が何を言おうとしているのか、レグレッシブな行為においては分かってくるのです。

ユングはそういうふうに考えたのですが、シュタイナーもそれを「反感と共感」という言い方で、同じように説明しました。われわれの魂が知的な表象生活を展開していくと、それは反感の中で作業を展開することになる。われわれの魂が意志の働きを行なうと、それは魂を共感で満たすことになる。そう考えたのです。そしてその両方とも、われわれの認識の働きにとって重要な成果を上げることができる、と言うのです。

そこでこの問題をさらに考え進めるために、共感とは何か、反感とは何か、もう一歩突っ込んで考えてみようと思います。

共感と反感

共感と反感は、シュタイナーによれば、魂の二つの基本的な在り方です。ちょうど物質の基本的な在り方が固体、液体、気体、熱として、あるいは昔風の言い方をすれば、地、水、火、風として存在しているように、魂は反感と共感を通して自己を表わしているのです。ですから魂というと抽象的な言い方になってしまいますが、共感、反感として具体的に捉えることができます。

私の眼の前に例えばおいしそうな天ぷらそばがあったとします。もし私がおなかをすかせており、しかもおそばが大好きだったら、私の魂はどういう態度をとるでしょうか。もちろん共感がさっと現われてきますから、そちらの方に思わず手が行くことになりますけれども、もしおなかがいっぱいになっていて、おそばを見るのもいやになったときには、きっと私の中に反感が現われると思います。そして何となくそこから離れたくなります。そのような場合は二人の人が向かい合って話をしているときにも生じます。極めて親しい間柄であっても、絶えず共感・反感・共感・反感と、秒単位、あるいは、一分単位で変わったり、元へもどったり、また変わったりします。ちょっと相手の言い方が気に入らなかったりすると、さっと反感が出てくるし、相手がにこっとすれば、たちまち共感が現われたりします。それが魂の基本的な在り方だというのです。そういう微妙な心の動きを、たとえばサリンジャーの小説は優しさをこめて描いています。

魂の働きは、動物にもあります。植物にも、無意識的にはあると言えます。しかし人間になると、それが高度に意識化され、分化されています。もちろん無意識的にも働きますけれども。基本的にはどんな生体も自分の中に同化できるものを持ったときに共感、そうでないときには反感を生じさせます。あるいは、眼の前にえさがあったときには共感、何か自分に害を及ぼすような敵が現われたときには反感が生じます。生物が環境に適応しようとするときには、どんな単純な生物でも、いつでも共感と反感を通して、空気を呼吸したり、養分を摂取したり、排泄(はいせつ)したりします。それが生体の基本です。それが人間のように、精神の構造が分化、発達すると、共感と反感の働きも非常に複雑になり、その結果出てきた反感の窮極の姿が知性であり、共感の窮極の姿が意志だというわけなのです。意志は何かのために、何かを実現しようとするときの人間の基本的な衝動、働きであり、表象作用や知的作業は、対象を自分から離れたところに置いて、それが何物であるかを判断する作業です。それは反感の高次の在り方なのです。

それで反感があまりに嵩(こう)じますと、その人の魂は非常に疲れてきます。どんどん自分のエネルギーが奪い取られ、魂が弱っていくのです。ところが共感の中を魂が生きていくと、外からいくらでもエネルギーを得ることができますから、魂は非常に力強くなるわけです。知的な作業、例えば本を読む行為は、自分の中から知的な表象を、どんどん意識の前面に引き出し、そしてそれを眼の前にして、判断し、評価するわけですから、書物を夢中になって読んでいけば、当然その人の魂は、フーゼマン先生が言われたように、弱まっていかざるを得ないのですね。その本の内容が共感の対象であるような、例えばおもしろい本であるとか、非常に感動的な本であるとかということになると、違ってきます。その中で共感の働きが反感以上に強くなってくれば、本を読んでも魂は養分を得て、元気になります。

魂の力の充実

コリン・ウイルソンというイギリスの作家がいるのをご存じだと思いますが、彼は今言いました問題を、彼の仕方で徹底的に考えた非常にユニークな思想家だと思うのです。彼は自分の大事な思想を、例えば『賢者の石』（創元推理文庫）のような小説の中で、非常にみごとに表現しています。いわゆるＳＦのジャンルに入る『賢者の石』の中には、アントン・ブルックナーの交響曲をフルトベングラーが指揮したレコードの印象についてといったような話から、だんだん問題が展開して、肉体が衰えるというのはどういうことなのかという話に移っていきます。ことによったら肉体が衰えていくのは、われわれの魂の在り方がどこかおかしいからなのではないのか。もし魂がまったく共感の中に浸って生きることができれば、われわれは死なないで済むのではないか、という発想を、コリン・ウイルソンはその本の中で、仮説として出しています。

それで主人公は、百歳以上生きている人々を尋ねていって、何でその人が長生きをして、元気なのか、その原因を探ろうとします。そしてそういう長生きをしている人物が、みんな特別に感動する能力を持っている、ということを知るのです。

例えば、ある百歳以上長生きをしている人は、小川のせせらぎを、実に恍惚とした表情で聞き入っていたんですね。主人公自身は、そんなに小川のせせらぎの中に感動を見出すことができないのですけれども、小鳥のさえずりや風のそよぎ、そういうものを、本当に心を感動させながら体験することができる人間は、その魂をいつも共感の中で満たすことができるので、魂の力がいつも充実しているし、それにつれてその生命体も活気づけられ、それによって肉体も老いを知らない状態になる、と悟るのです。実際に今の医学でも、何で人間が死ぬのか、その理由ははっきり分かっていません。理論的には一向に死なないでも済むはずなのに、どこかで人間の肉体は衰え、そして最後は死に至るのです。

ところが個々の器官は死なないので、死んだ後でも爪が生えたり、髪が伸びたりします。器官が健全なのに、なぜ全体としての生命体が死ななければいけないのかがよく分からないのです。そういう問題を、コリン・ウイルソンは小説の中で論じているのですが、シュタイナーの教育論も共感の中に生きている場合、魂は力づけを得る、と強調しています。

ところで学校の先生は、自分の教える教材によってではなく、その先生の存在そのものによって子供に影響を与えることが最初の課題ですから、その先生は自分の魂を共感の力で満たしていなかったら、この課題に応えられません。

畏敬と愛の行

それではいったい、どうしたらいいのかというと、シュタイナーが『いかにして超感覚的世界の認識を獲得するか』という長いタイトルの本の冒頭に書いていますように、魂の衛生学の第一条件は、畏敬（いけい）の念を持つことだ、というのです。朝から晩まで畏敬の念を持つのではなく、一日のうち五分でもいいから、畏敬の念を実感として持てる時間を自分の中に作るのです。例えば夜、仕事が終わった後で、自分の部屋に落ち着いたときに、その一日を振り返ってみて、何か感動できる情景、例えば電車の中で小さい子供たちがとってもかわいらしい感じで座っていたところを思い出せるとすれば、その子供に心を向けるとか、シュタイナーはもっとひどいことを、というか強烈なことを言っていまして、今まで体験した中で、最も嫌らしかった人間を心の中に思い浮かべて、その人間に対して畏敬の念を持つのが一番いい、と言っているのです。

嫌な人を嫌だと思うことなら、だれでもできるんですけれども、そう思った瞬間に自分の魂は反感に満たされます。魂の衛生学から言うと、その魂は弱まるのですね。ぷんぷん怒れば、その分だけ魂はエネルギーを奪われます。ところがその嫌らしい人物に向かって、あえて畏敬の感情を向けると、その人は魂を共感のエネルギーに満たそうとするので、嫌らしかった相手も、そういう手段の対象になったことによって、ありがたい人物になりえますから、あまり反感を持たなくても済んでしまうのです。

『いかにして超感覚的世界の認識を獲得するか』を読むと、それを道徳の問題と取りちがえてしまうので、大抵の人は、「そんな難しいことはとてもできない」と考えてしまいます。けれどもあの本は、一日のうちの五分間やるべきことが書いてあるので、朝から晩までやれ、と書いてあるわけではないのです。道徳の問題ではなく、教育の問題です。自分の魂をエネルギーで満たすにはどうすればいいのか、ということが、あの本の「条件」の章には書いてあるのです。

シュタイナー学校の先生も、毎日登校する前に、自分のクラスの子供全員を一人一人心の中に畏敬と愛をこめて思い浮かべることで、魂に共感のエネルギーを満たします。それは『いかにして超感覚的世界の認識を獲得するか』の五分間の畏敬の行をやることと同じことなのです。それによって同時にクラスと自分との深い関係を内的に作るのです。シュタイナーが先生に対してなんらかの内的態度を要求する場合には、常にその中に自己教育的な意味が含まれているのです。

このようにして、共感を働かせるとき、その魂は、自分の内部に一つの可能性の種を蒔(ま)

いたのだ、とシュタイナーは言うのです。その種は一生かかっても、死ぬまで、花を咲かせないかもしれませんが、死後の魂を大きく支え、その魂をさらに高次の世界へ向けて旅立たせるのです。仏教でいえば、成仏させるのです。そしてそれこそが意志の働きです。

表象活動

それでは「表象」がどうして生まれる以前の、霊界での体験の反映なのかといいますと、この点は説明しようとするときりがないくらい、大きな問題を含んでいますが、その際大切なのは「内容」ではなく、「形式」の問題です。

どんな事柄にも、内容と形式の両面があります。例えば同じある素材（物質内容）は、水道管を流れ、どしゃぶりの雨となり、小川のせせらぎとなり、大海の怒濤（どとう）となるなど、さまざまの「現象形式」をとって存在します。それらのすべてをわれわれが「水」と呼ぶとしますと、それらすべてに、より一般的な共通した現象形式を与えたことになります。さらにその水を液体と呼び、液体を物質と呼ぶとしますと、さらに一般化した現象形式、もしくは存在形式が語られているわけです。

表象について考えるときにも、表象内容（知覚内容や記憶内容）と表象形式の両面が問題になります。シュタイナーが「霊界での記憶の反映だ」と言っているのは、その中の表象形式、つまり概念のことだと考えなければなりません。

原っぱに何かある背の高いものが立っているとします。われわれは青空を背に、日の光を受けて力強くそびえたつ何か、その葉の緑、幹の固さ、風をうけて発するざわめきなどを知覚内容として体験することができますが、その何かに対して、「これは松の木だ」と言うときには、そのような知覚体験から離れて、一つの表象形式をこの何かに賦与(ふよ)しています。つまり個々の体験内容、対象の個々の性質から離れて、心の中に一般化、普遍化の過程が生じているのです。そしてその結果、いったん「松の木」という表象ができてしまえば、もはやわざわざ固さ、明るさ、色合い、ざわめきなどの感覚内容を一つ一つ体験し直す必要はなく、この一般化された表象形式だけが独り歩きできるようになってきます。「松の木」であれば、テレビのブラウン管に映っている松の木も、庭に生えている松の木も同じものになりえます。

シュタイナーは表象の中のこの普遍的、一般的な部分に対して、それがわれわれの生まれる以前の霊界での体験の外化されたものだ、と言うのです。つまり霊界での体験内容が現界では形式となって、現界での知覚内容を取り込み、それによって表象もしくは概念を生み出すのです。人間のこのような形式化の能力は、決して生まれてから以後の経験を通してだけでは獲得されえない、と言うのです。

もっとも身近なそのような形式の道具である言語そのものを考えてみましても、三、四歳の子供が「やっぱし」とか「だって」とか「そんなこと」とか、実にぴったりしたところでそういう言葉を使いますが、それらの意味を正しく説明するとなると、大人にも楽ではないくらいそれらの言葉は複雑な表象を表しています。幼い子供が言葉の響き（知覚内容）ではなく、その言葉の意味形態を、いったいどこで身につけたのかといえば、シュタイナーの言うように、この世の現実に接してからだとはとても思えないのです。直線、曲線、三角形のような幾何学上の基本概念も、原因と結果とか肯定と否定のような論理学上の概念も、つまりカントが「純粋悟性概念」と述べた、量、質、関係、様相のような諸概念もすべてそのような形式を表わしています。それらはある深い意味関連をすでに生まれる以前に体験してきた魂だけが持てるものであり、その意味関連をこの世の現実の中に投影できたからこそ、そのような、いわば高次の一般化の働きを幼児がやってみせられるのです。

以上に述べたことの主要な問題点は、魂の働きの中に、二つの対立が存在しており、一方の知的な表象活動は、古い過去の働きを受けて存在しており、もう一方の意志の働きは、遠い未来のいつか実現すべきことの芽生えのようなものであり、その過去と未来のいずれもが、この世の一生の範囲内にはとても収まりきれない内容を含んでいる、ということでした。

意志の育成を重視

このことを踏まえて、ルドルフ・シュタイナーは「一般人間学」第四章の冒頭のところで、「未来の教育は、人間の意志の育成に特別の価値をおくものでなければならない」と言っています。

未来の教育が表象の側でなく、意志の側に重点を置く、という言い方の中に、シュタイナー教育の本質がよく語られていると思います。それでは感情は表象と意志のどの部分に位置づけられるのかといいますと、ちょうどその中間のところに位置づけられます。そして子供の教育は意志から始まり、感情を通して表象（もしくは知性）に働きかけるものでなければならない、というのです。

われわれの魂の営みは四方八方に広がったり縮んだりして、一時として同じ形をとらない情動（アストラル）の流れです。この魂の一方に表象があり、もう一方に意志があり、その中心には感情の働きがあります。感情は反感と共感という働きによって、意志と表象とに関与しています。

表象の方からいえば、表象は反感のおかげで、絶えず魂の所産を無意識という魂の果てしない大海の営みの中から、意識の表面にまで届けてもらえます。そして意志の方からいうと、心のエネルギーは共感を通して、ますます暗い無意識の世界の中へ入っていくのです。感情が意志と結びつけばつくほど、魂の営みは、ますます人間の存在の本質、もしくは核心部分へ共感の働きを向けます。生命の働きを頭部の神経感覚系と胸部の呼吸循環系と下半身、肢体の運動代謝系に分けるとしますと、その順に思考（表象）、感情、意志が働いており、同時にその順に意識の明るさから暗い無意識まで、次第に暗さを深めていくのに気が付きます。そして魂にとっては暗い意志の座においてこそ、未来の可能性の芽が宿っているのです。

繰り返しによる授業

シュタイナーは先ほど述べましたように、この意志に対する働きかけを通して教育を行なうことが、しかも算数や博物や言語のような、いわゆる知育のあらゆる分野においても、意志を通して教育することが、幼稚園から小学校低学年までの子供にとっての一番大切な教授法なのだ、という点を強調しています。そしてそのための最も有効な方法は「繰り返しによる授業である」と言うのです。しかも共感を伴った繰り返しです。

幼稚園においては、この繰り返しはごく自然に、それと気づかれることなく行なわれています。しかし小学校に通うようになってからは、その繰り返しの意味を、子供がはっきりと理解した上で、喜びとともに、繰り返しがなされるべきなのです。シュタイナーの『教育芸術――方法論と教授法』第四講（一九一九年八月二十五日）はこの点を以下のように述べています。――

「子供たちが一体なぜ、今、教室にいるのか、ということに注意を向けることが最初の課題となります。そこで子供たちに対して、ほぼ次のように話しかけることが重要になってきます。『君たちは今こうして学校にやってきたけれども、なぜ君たちが学校に来るのか、少し話してみよう』、こう言うのです。そして、学校に来る、という行為が、子供たちの意識の中にはっきりと思い浮かぶようにするのです。――『君たちが学校に来るようになったのは、学校で何かを教わりたいからだね。これから学校でどんなことを学ぶのか、今はまだはっきり分かっていないと思うけれども、いろんなことを学ばなければならないんだよ。いったいどうして君たちは学校でいろんなことを学ばなければならないんだろうか。まず君たちのまわりにいる大人たちのことを考えてみよう。大人たちには君たちのやれないことがやれるね。しかし、大人たちが今やれることは、きっといつかは君たちにもやれることだと思う。そのことのために、いま君たちはここにいるんだよ。まだできないことが、いつかはできるようになるために、君たちはここに来ているんだよ』。ほぼこのようなことを言うのです。

この考え方は、さらに別な事柄に結びついてきます。どんな教育も、もし子供たちが先の世代の人々、自分よりも先輩の人々に対する尊敬の気持ちを持っていないとすると、決して正しい方向に向かうことはできません。敬虔（けいけん）な思いがもっぱら感情の次元のものであり、主観的なものでしかないとしても、それをあらゆる手立てを使って子供たちの中に育ててゆかなければなりません。そして、年上の人々がこれまでやってきたこと、言い換えれば、学校でこれから学ぶ事柄に、子供たちが敬意と尊敬を持つことが大切なのです。尊敬の念で周囲の文化現象に目を向けるということが、初めから子供の心の中になければなりません。それによって、すでにこの世の経験を積んできた人たちの中に、子供はより高い本性を見出すようになるのです。この感情を呼び起こしませんと、私たちは、教育の場においても、決して前へ進むことはできないのです。

大切なのは、子供がすべての事柄についてただちに判断を下せるかどうかということではありません。七歳から十五歳までの間に学ぶべき事柄を、子供が『愛』をもって、その先生に対する『尊敬の念』をもって学ぶということが大切なのです。ですから、どうぞ、今申し上げました子供に対する最初の語りかけを、皆さんの自由な仕方で展開させながら、さらに子供に対して次のように語りかけてみてください。『いいかい、大人たちは本を持っているね。そしてその本を読むことができるね。君たちはまだ読むことができないね。でも君たちはこの学校へ来て、読むことを習えるんだよ。そして読むことができるようになったら、本を手に入れて、そして大人たちが本から学んできたことを学ぶこともできるんだよ。大人たちは手紙を書くこともできるね。いろんなことを紙に書くことができるだろう。でも、君たちも将来、手紙を書くことができるようになるよ。君たちは読むことを学ぶだけじゃなく、書くことも習うんだからね。それから、読むことと書くことだけではなく、大人たちは計算をすることもできるだろう。君たちはまだ計算を十分にやれないね。けれども、計算することはとても大事なことなんだよ。たとえば食べ物を買いに行ったり、着物を買いに行ったり、着物を作らせたりするときには、計算が必要になるんだよ』――このような話し合いを子供たちとするのです。それからさらに次のように言います。『君たちは計算ができるようになると思うよ』――先生が子供の注意をそういうことの方に向けることはとてもいいことです。皆さんは、さらに次の日にもまた同じように子供たちの注意を、今述べましたような方向に向けます。そして何度でも繰り返して、子供たちにこのことを納得させるのです。大切なことは、子供たちがこのようにして学校でやることを意識できるようにすることなのです。

そもそも授業や教育にとって最も重要なことは、普通習慣的に生活の中で行なわれていることを、『意識化するようにする』ことなのです。一方では、子供が何のために学校に来るのかについて、はっきりした意志を持てるようにすること、他方では、子供が大人に対して敬虔な思い、尊敬の念を持つようにすること、このことができましたら、さらに別の問題に授業を展開していくことが大切です。

子供に次のように言うことは、とてもよいことだと思います。『君たちは自分を一度よくながめてごらん。君たちは手を二つ持っているね、左手と右手を。この二つの手は働くためにあるんだよ。この両手で君たちはいろんなことをやることができるよ』――つまり、身体の中に備わっているものを意識にのぼらせるように努めるわけです。子供は手があるということを知るだけでは十分ではありません。手を持っていることを十分に意識させるべきなのです。もちろん皆さんは、次のようにおっしゃることでしょう。子供は両手を持っているということを既に意識しているはずだ、と。――しかし、子供が働くために両手を持っているということを知っているのと、このことを子供の魂が意識させられないでいることとの間には、大きな違いがあるのです。このようにして先生が子供と一緒に手について、あるいは手で行なう仕事について特定の時間話し合ったとしますと、次には子供になんらかの手仕事をやらせるように授業をもっていくことが大切です。このことは、できましたら、最初の、第一日目の時間にやってください。先生は子供たちに次のように言うのです。『さあ、私は今こういうものを書いてみた（A図）、さあ君たちも同じことを手でやってごらん』――そこで子供たちに同じことをできるだけゆっくりとやらせるのです。実際、もし皆さんが一人一人の子供の名前を呼んで黒板にこのような線を描かせ、それからまた席に戻らせるようなことをすれば、ゆっくりそれをやることになるはずです。このような場合、授業を十分に咀嚼させるということは、最大の重要さを持つことなのです。さて、その後で先生は、子供たちに次のように言います。『今度はこういう線を引いたよ（B図）、さあ、君たちが、君たちの手で同じことをやってごらん』――そこで一人一人子供たちがこれをやります。それが済んだころに先生は子供たちに次のように言うのです。『はじめは直線だよ。もう一つは曲線だよ。君たちは今君たちの手で直線と曲線を書いたのだよ』――不器用な子供には、先生が手をかしてあげます。けれども先生は、どの子供もはじめからある完全な線を引くことができるように配慮してあげることが大切です。

　このように先生は子供にはじめから何かを行なわせるように配慮するのです。さらに同じ行為が次の日にも、次の次の日にも繰り返されて行なわれるように配慮するのです。もし次の日に直線を描くとしたら、その次の日には曲線を描くようにするのです。子供たちに対して、記憶によって直線と曲線を描けるようにすることにあまり重きを置こうとしないほうがいいと思います。むしろ次の日にも直線を黒板に皆さん自身が描いて、それをまねさせるようにします。曲線の場合も同じようにします。ただ皆さんは次のように質問してください。『これは何だね』――『直線です』と子供たちに言わせるのです。――つまり、皆さんは繰り返しの原則をここでも用いるのです。その原則のもとに子供たちに線描を模倣させ、そして皆さんがご自分でそれをいちいち言わなくても、子供たち自身が目の前に課題としてもっている事柄を自分で行なえるようにさせるのです。この微妙なニュアンスを利用するということが非常に重要なのです。いつでも子供たちが正しく行なえるように配慮すること、それを皆さん自身の習慣にすることが重要なのです。皆さんの授業習慣の中にこの原則が入っていけるように努めるのです」。

図例2

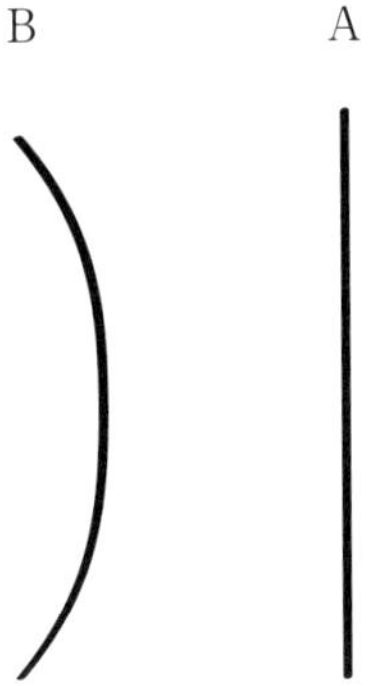

A

B

鬼火のような表象生活

こういう発想で教育を考えるときの大事な問題点は、存在のいわば切実さ、存在の重みが意志の側に現われているのに対して、表象の側ではその度合いが弱い代わりに、存在の仕方には常に明るさが伴っている、ということです。

暗いけれども重みのある部分、明るいけれども実在性の希薄な部分が対比されています。われわれが表象活動を頭の中で行なう場合、その意識内容の一つ一つは、実在的な性格が非常に弱いのです。

例えば自動車のことを今考えたとします。私の意識の中で自動車についてのイメージが生じます。それは海面に浮かび上がった泡のように、無意識の奥底から、意識の表面に浮かび上がってきます。

ところがそのとき、電話のベルが鳴ったとしますと、そのとたんに自動車のイメージは簡単に消えてしまいます。

なぜかというと、私が今たまたま考えた自動車というのは、イメージとしては明確かもしれないけれども、実在的な性格が非常に希薄ですから、心が他の方へ向いてしまえば、とたんに簡単に消えてしまうのです。もっと真剣に、例えば自分のよく知っているだれかのことを、あの人は今どうしているかな、などと考えたとします。ところがその場合でも、一、二分も経たぬうちに、その人のことを考えていたはずなのに、その人の家族のことから、連想が次から次へと展開してしまっていて、気がついたときには、全然その人と関係がないような、全然別なことを漠然と考えていた、というようなことが始終起こるのです。

普通、一つの事柄を集中して考えられる時間は、せいぜい数十秒しか続かないものです。一分、二分と、一つのことを首尾一貫して考えるのは非常に難しいのです。そのくらい表象生活はあやふやで、不確かで、まとまりのない形をとっているのが普通です。

だからこそ、前に触れましたように、表象内容を関連づけて、首尾一貫したものにしようとしますと、非常な緊張と努力と、そして疲労感が伴ってくるのです。漠然と考えているときには、あっちへ行ったり、こっちへ行ったり、連想が実に勝手気ままな形をとるので、シュタイナーは「鬼火のような表象生活」と言っています。鬼火というのは、ちらちら、あっちへ行ったり、こっちへ行ったり、空中を漂っているからです。

実在的な性格へ

ところが意志の働きの方へ行くにしたがって、だんだん実在的な性格が強くなっていきます。いったん意志に刻印づけられたものは、消そうと思ってもなかなか消せないくらい確かになります。

例えば心に傷を受けたとします。ひどく気にさわるようなことを言われた場合、そのことを忘れようと思っても、なかなか忘れられず、ふと気がつくと、またそのことを考えている、というようなことが起こります。それは先ほどの表象生活と反対に、心の奥の方に、つまり感情やさらにその奥の意志の部分に傷を受けてしまったものですから、その痛みが、半ば無意識であっても、絶えず同じ形をとったまま、存在し続けているからです。

また、いったん身についた習慣も、なかなか意識的に、自由にコントロールできません。朝、顔を洗ってから歯を磨く、という習慣のついた人は、歯を磨いてから顔を洗うと、何となく落ち着かないものです。そういう感じを持つことがよくあります。

「神智学」の観点からいいますと、地上の人間はその存在の土台として肉体を持っており、それと結びついてエーテル体を持っています。そしてそれを基にして、アストラル体が働き、それが分化発展して、魂の三つの働き、感覚魂・悟性魂・意識魂になります。それらの働きは、土台である肉体の方へ近づくに従って、だんだん実在的な性格は強くなりますけれども、意識は暗くなります。逆に意識魂の方へ行くに従って、意識は明るくなるのですけれども、しかし実在的な性格はだんだん弱まって、テレビの映像のように、明るく刺激的ですけれども、ちらちらして、すぐに消えてしまうというような在り方を示しているのです。肉体、エーテル体に深く根ざしたアストラル体の最も上層部に表象の座がある、と考えられます。つまり肉体の方へ近づけば近づくほど、実在性が強まり、それへの共感がわいてくるのですが、アストラル体から分化した魂の上層へ行くに従って、意識化する作用を、緊張を伴って行なわなければいけないので、反感を伴うことになります。こういうことが、教育の観点から人間の本質を考えるときのシュタイナーの大切な問題点なのです。

もし私が生徒としてどこかの学校に通い、朝から知識を学んでいきますと、そしてその知識がいつでも再生産されうるように、言い換えればいつ試験されてもいいように、常に意識の表面に留められ、無意識の内へ入っていけなくされ続けますと、私の中にどうしても反感がわき起こってこなければならなくなり、それが度を越すと、私は攻撃的な人間になっていきます。私が内向的な人間だったら自分に対して、私が外向的だったら他人に対してです。私が自由に身体を動かしたり、何か楽しいことに没頭したりしていますと、私自身は共感の中に浸っていられますが、自己中心的になると同時に、意識は暗くなり、眠り込むようなところにまで行ってしまいます。そのことは感覚の問題を例にとってみても、よく分かると思います。もし私の感覚が対象に向かって全部共感的に働くとしますと、大変なことになってしまいます。水を飲むにしても、空気を吸うにしても、あるいは何かものに触（さわ）るにしても、においをかぐにしても、どれをとってもみんないい感じで、おいしかったり、いい気持ちであったり、いいにおいであったりしますと、私のアストラル体は限りなく肉体の中へ埋没し、その肉体は限りなく物質の世界の中にのめり込んでいってしまって、最後にはその世界の一部分になってしまうはずです。例えば森の中に入って、そういう幻想的な物語がありますけれども、まるで自分がその森の中の木の一つになってしまったように、根を生やしてすやすやと眠り込んでいる、というような形を取ってしまうわけです。ところがはじめはおいしいと思って食べても、おなかがいっぱいになってくると、吐き気がするくらい嫌になってみたり、それから寒くなったり、暑くなったり、というように、その都度その都度、自分の中に反感が生じますと、意識が目覚めてきます。寒すぎたら洋服を着るとか、暑すぎたら水を浴びるとかということは、感覚が反感を感じ取れるからこそできるわけです。感覚が全部共感だけだったら、こんなにいいことはないはずですけれども、そうなったらわれわれは、だんだん動物になり、さらには植物、そして最後には一番いい状態として、石のようになってしまうでしょう。そこにとどまっていれば、まったく共感の存在として存在できるわけです。

共感と反感の存在

フロイトが言うように、生物は、無生物から生物になるときに、大変な緊張を必要としたので、その生物が生活に耐えられなくなったときに、無意識的に、緊張を持つ前の状態に、つまり死の世界に帰って行きたいという本能を持っているのです。われわれはいつも無生物への、無意識への、つまり死への願望を持っている、というフロイトの考え方、人間の涅槃(ねはん)願望は、百パーセント共感の中で生きられる存在になりたい、ということですから、そうなれば当然無生物に帰る以外に方法がないことになるわけです。

ところが、反感の存在として生きますと、前に述べたように、われわれはエネルギーを奪われて、青白い、こわい顔つきの人間になり、ピリピリしてきて、何となく近寄り難い存在になっていきます。しかしそういう人間であればあるほど、頭は冴えて、意識的に生きることができるのです。

そういう人間の状態については、悪く言えばいくらでも悪く言えますけれども、よく言えば、反感の中に生きていられるからこそ、自由を自分の中に生かすことができるし、自分と他との区別を、かけがえのない自分というものを、意識できることにもなるのです。

もしわれわれがまったく共感の中で生きるようになれば、どんな集団の中にも溶け込めるわけですから、われわれは集合的な人間になっていって、最後にはニーチェが考えたような群衆、衆愚、ひどい言い方をすれば家畜のような存在になり下がることにもなりかねません。

このように、一方では意志が集合的な在り方をとり、もう一方では表象が自由な個的な在り方をとり、そしてこの二つの中でわれわれは一生懸命その均衡を保ちながら、狭い細い道を、あるいは道のないところをたどっていかなければいけないわけです。けれどもまさにこのようなところから、シュタイナーの教育芸術の大事な問題が、さらに出てきます。

感覚的存在としての人間から

シュタイナーは、「一般人間学」の第四・第五・第六章の中で、このこととの関係において、二つの三角形を考えているようです。彼自身はそういう言い方をしているわけでは

ありませんが

われわれが感覚的存在であるということ、それが教育における出発点である、とシュタイナーは考えています。

このことは分かり切っているようで、普通考える以上に大事なポイントになります。人間とは不思議なもので、どんなにすぐれた理解力を持ち、物事を批判的に受け止めることもでき、本質を洞察することができる人間でも、そもそも感覚体験をもつ以前は、もし外側から感覚的な刺激が来なければ、生涯われわれは、たとえ肉体はいくら大きく育っても、暗やみの中で知性のない存在としてしか生きることができないのです。

ドイツのカスパール・ハウザー（六五頁参照）やアメリカのヘレン・ケラーの伝記を考えてみれば、このことがはっきり分かります。ヘレン・ケラーは生後十九か月目に大病を患い、それ以後肉体は健全に成長していったにもかかわらず、目が見えず、耳も聞こえないままに、感覚のやみの中を生き、彼女の知性も、潜在的には素晴らしいものであったにもかかわらず、完全に閉ざされていました。思い返しても、その当時の記憶は黒く塗りつぶされていたのです。

ところが七歳の頃のある日、自分の世話をしている人がヘレン・ケラーに井戸の水を手にかけてあげて、そしていま手に感じとれたその冷たい何かが「水」という言葉で表現できるものだ、と納得させることができた瞬間に、彼女の知性は大変な勢いで発育し始め、そして遂にはアメリカでも指折りの偉大な知識人になるのです。

前にもふれたカスパール・ハウザーの場合、五体は健全でしたが、何の音も聞こえてこない薄暗い部屋の檻に閉じ込められて、子供時代をずっと過ごし、そして気がついたときにはニュルンベルクの往来に放り出されていたのですが、普通の家庭に引き取られてからは短期間のうちに、信じられないくらいの早さで、言葉を覚え、外国語を覚え、書物も読めるようになります。カスパール・ハウザーのように、目も耳も健全にそなわっていても、外から感覚の刺激がない場合には、知性はまったく啓かれないのです。

われわれの知性はそういうふうに、内発的に発達できるものではなく、感覚によってはじめて目覚めさせられるのです。つまり植物の種みたいなもので、感覚という光や熱や風や水が与えられないと、芽を出すことができない存在なのです。

シュタイナーは、人間よりも高次の存在である天使や神々になれば、外からの感覚の刺激なしに、自分自身の内部から知性を発達させることができるかもしれないけれども、今の人間意識の発達段階では、感覚の刺激がなかったら、暗愚な状態から脱することはできない、これが人間精神の限界なのだ、と考えています。

ですから、感覚が常にわれわれの内面生活の基本になり、そしてそれを前提として初めて、一方では表象生活が、他方では感情と意志が発達できるのです。

そこで、先に結論のようなことを申し上げてしまいますと、このことを踏まえた上で、さらにもしわれわれが表象や意志の働きを、一段と高度に発達した第二の感覚（シュタイナーはそれを直観と言っています）と結びつけることができますと、われわれの魂そのものが一段と高次の在り方をとるようになります。

地上に受肉した人間の魂にとっては、最初に感覚があります。そしてその感覚の刺激を受けて、すでに生まれる以前にそなわっていた意志と表象とが正常に機能するようになります。そのようにして現在、われわれは日常生活を送っているわけです。けれども、もしもわれわれがさらに、この表象と意志とから第二の感覚である直観の世界を築いていきますと、そこから未来の、新しいタイプの人間が生まれてくる、とシュタイナーは考えています。そしてシュタイナー学校は基本的に、一二九頁の図の下の三角形の中で苦悩しつつ生きている現在の人間を、上の三角形を生きる未来の人間に変えるための一つの大きな準備、もしくは橋渡しをしようとしているのだ、と言うこともできます。

シュタイナー学校の卒業生

ですからわれわれがシュタイナー学校の卒業生を見ますと、もちろんその一人一人の個性は全部違いますから、その中にはさまざまな人間がおりますが、一様に一種の「カインのしるし」のような特徴を感じることができるのです。それはどういうところに感じられるかといいますと、何か独特な明るさとでもいうべきものがシュタイナー学校の卒業生をオーラのように包んでいるのです。もちろんそうでない場合だっていくらもあるとは思いますが。それによって、ある意味では未来の文化のための用意がなされているのではないか、とさえ考えられます。

数年前に私の経験した一つの例を申し上げます。スイスのバーゼル近郊のドルナハ村に、シュタイナーの人智学運動のセンターがあります。「ゲーテアヌム」という建物がそのセンターです。ドルナハという村はシュタイナーが生きていたころからシュタイナーの弟子たちが集まって作った、一種の生活共同体村のような形をとっています。そこへ行きましたときに、ある人からドルナハに日本女性が住んでいるから会ってみたらどうかと言われて、その人に会いに行ったのです。その人は出産をひかえ、もうかなりおなかの大きなときで、行ったらとっても喜んでくれました。暖かいそして率直な人だったので、会ったばかりなのに、なぜここに来るようになったか、話してくれたのですが、それがちょっとびっくりするような話でした。

その人は神戸の人で、家庭環境がとても恵まれなかったものですから、十代のかなり早い時期から非行少女で、方々へ行っては悪いことばかりしていたらしいのです。何度か自殺しようとして、そのたびに偶然早く見つけられたりして助かり、二十歳のころには、世の中のことなんかどうでもいいと思うようになっていたそうです。そのときたまたま友達に誘われて、あるライブハウスのジャズコンサートに行ったのだそうですが、そうしたら隣にひげだらけのヨーロッパ人の大男が座っていて、話しかけられ、帰りには一緒にお茶を飲んだのです。そのひげだらけの大男というのが、ノルウェーの船員で、彼の方からすれば、ちょうど神戸港に寄港したので、港に上がり、お酒を飲んだりして、ライブハウスに来てみたら、隣にかわいい日本の女の子がいたので声をかけたというわけです。それで帰りの喫茶店で話をしているときに、彼女が自分の身の上話をし、何度も自殺未遂を繰り返さなければならなかったくらい辛い生活だった、という話をしたら、その海賊のような船員が聞いているうちに涙をぽろぽろこぼし、手を取って、あなたのように苦しんでいる人には、必ずこの後いいことがあるんだから、力を落とさないで頑張って下さい、と言ったらしいんです。その女性、泰子さんというのですが、泰子さんの方は、今までそんなふうな言い方で自分に向かってきた人がいなかったものですから、びっくりしてしまい、それ以来、船が着くたびに付き合うようになったのです。そのうち愛情が芽生えて、結婚することになった、というわけです。そしてその船員というのがシュタイナー学校の卒業生だったのです。

彼のお父さんは有名な彫刻家で、早く亡くなられ、お母さんに育てられました。シュタイナー学校は、前に言いましたように、既成の社会のヒエラルキアに適応できるということをそれほど重要視しません。むしろ生活力がとても身についているものですから、どんな仕事をしても楽しく生きられる一種の自信のようなものを持っています。頭がよく、例えば日本だったら東大に入れるくらいに実力があっても、海が好きだったら船員になったり、または農業をやったり、職人になったりすることがまれではないのです。

しかし知的興味がないわけではありませんから、そういう人でもプラトンやカントを読んだり、美術史を研究したりすることをやることもあるし、もちろんやらない場合もあるわけです。

彼の場合は絵かきになってもいいくらい、大変絵の才能もあったのですが、子供のときから海が大好きだったので、船員になり、そのおかげでこの日本女性と出会えたのです。彼は帰ってから、ドルナハのお母さんに、生涯の伴侶がやっと見つかった、と言ったそうです。この話全体の感じが、とてもシュタイナー学校的だと思うのです。

シュタイナー学校的というのは、一見、常識とかけ離れているようなことを平気でやるにしても、実に人間味があって、そして、今の社会の仕組みにとらわれていないのです。日本でシュタイナー学校のことが問題になるときに、よく質問として、「そういう学校に入ると、社会に適応できないような、強くない人間になってしまうのではないか」と言われるのですが、強い、弱いの尺度が、我慢してでも社会的に高い地位に就けるかどうかにあるとすれば、そういうことも言えるでしょうが、シュタイナー学校ですと、既成の社会的な秩序が既にあって、それに自分を適応させるのでもいいし、それにこだわらずに自分の生きる道を見つけ出すのでもいい、というような発想が出てくるので、強い、弱いの基準も違ってくると思うのです。

そういうことが、先ほど言いましたオーラのような形で、シュタイナー学校を卒業した人の雰囲気になっているのです。

つまり一二九ページの図式で言うと、第二の三角形が生活領域の中に取り込まれているので、日常生活の充実感が違ってくるのです。

表象と意志の働き

もう一度繰り返して言いますと、表象は非常に明るいけれども、表象だけを唯一の頼りにして生きていると、この世に生きているという実感がだんだん希薄になってきます。意志の方だけを頼りに生きていくと、この世に生きているという実感は強くあっても、人を理解したり、理想を追求したり、高次の思索を展開したりすることはできません。時には非常に自己中心的で、唯物的な生き方になってしまいます。表象の側は逆に、一見知識も豊かだし、話も分かるけれども、何となく足が宙に浮いている感じになります。このような一方へのかたよりを、シュタイナーは表象についてはルチフェル的、意志についてはアーリマン的と名づけました。いずれも悪の働きのことです。

そこで教育の問題に戻りますが、教師にとって大事なのは、まず意志とは何か、表象とは何か、感覚とは何かを具体的に理解することです。この三つの概念がいわば「生きた概念」となって自分の中にあれば、自己認識も、子供に対する認識も深化させることができます。そこであらためて、もう一度たずねてみましょう。表象とはわれわれにとって何なのでしょうか。

表象とは前にも言いましたように、実在感の希薄な、映像のようなものです。そして今の社会は、もっぱら表象で勝負しています。頭がいいか、悪いか、ということは、もっぱらどのくらいたくさんの表象を記憶に蓄えているかにかかっています。他の人よりも表象がたくさんあれば、試験に合格します。人と議論するときにも、他の人の知らない表象を問題に取り上げれば、他の人は沈黙せざるを得ません。宇宙の構造がどうなっているかを話題にするときに、理論物理学にくわしい人とそういうことを知らない人とが議論したら、当然それを知っている人の方がその議論に勝つわけです。そしてその人の方が頭のいい人だ、ということになってしまいます。しかしある人が理論物理学を知っているか、知っていないかは、もっぱら表象の次元の問題です。

知識について、相手を煙(けむ)に巻いたり、相手に「これはかなわない」と思わせたりできるかどうかは、もっぱら表象いかんによりますから、例えば本をたくさん読んで、表象をたくさん身につけることが社会に適応できるか、できないかの決め手になるわけです。

それでは意志はわれわれにとって何なのでしょうか。簡単な例を挙げて考えてみますと、例えば成田空港から東京駅まで自分の車で行こうとする場合、自動車という機械はいわば人間の肉体に当たるものと考えることができます。そして自動車のエンジンを動かしているエネルギーはエーテル体です。その自動車を東京駅まで運転していくドライバーは自我ということになります。そして空港から東京駅までの地理が表象です。どう行けばよいのか、を知るために表象があるのです。さらに、ドライバーが運転しているときに、すごく暑いとか、涼しいとか、あまり乗り心地がよくないとか、快適だとかという種類のことが感情であり、共感、反感です。そういうときに意志はいったいどこに働いているかといえば、成田空港から東京駅まで行く、ということの中に意志が働いているわけです。ですから一番近い道が混んでいれば、自我と表象の働きで、うんと遠回りして行くかもしれません。しかしともかく目的地に着かなければなりません。その際、東京駅に着こうという意図が意志の働きです。

そうしますと、こういうことが考えられます。もしわれわれが、人生において、人生の自動車に乗って行こうとする場合、われわれ自身が人生の運転手だとすると、その運転の目的地はいったいどこなのか。東京駅に着いてしまえば、それで人生がおしまいというのでしたら簡単ですが、その目標をどこに置くかということが、その人間にとっての「意志とは何か」ということになるわけです。

目的を持った人生

究極の目的地を考えますと、その目標は、この人生の中では、到達不可能だと思われてしまいます。

例えばどんな人間も、世界中にかつてなかったような大恋愛をしたい、と思います。ところがこの世の人生ではそういう大恋愛をみんながするわけにいきません。しかし一度でもいいから、トリスタンとイゾルデみたいな恋愛体験をしてみたい、と思いますと――トリスタンがイゾルデを見つけたり、イゾルデがトリスタンを見つけたりするところがその目標の地になるわけですけれども――、その目標が今の人生では到達できないとなると、その人の「意志」は、死んだ後でも生き続けます。それどころか、生きているときにはいろいろなことでそれが抑圧されて、この目標が意識化できなかったとしても、死んでしまいますと、余計なことを考える必要がありませんから、生き続ける意志は強烈な勢いで自分を主張し始めます。ですから、しまった、と思う人も出てきます。例えば十七歳で自殺した場合のことを考えると、自殺した瞬間に、その若者は、自分の人生の目的地がまだ無数にあるのに、その全部が実現されずに終わってしまった、ということを悟らされてしまいます。

けれどもそのような意志を意識化することはそれほど容易ではありません。例えばわれわれの車を東京まで運転する過程で、東京駅ということを意識する機会はむしろまれです。例えばＦＭ放送を聞いたり、隣の人と話したり、赤信号があったら停まったり、という個々の行為の中で、東京駅のことは忘れています。意志というものもそれと同じように、人生の過程の中ではほとんど意識されていないのです。けれども無意識の中ではすごくはっきり存在しているわけですね。そういう形を、シュタイナーは「萌芽」と呼んだのです。

ここで結論に入ろうと思います。

第二の三角形においては、われわれの表象の中に再び感覚体験を取り込むことが、問題になります。日常生活の中の表象は、浮かんだり消えたり、消えたり浮かんだりする、はかない、非実在的な在り方をしていますが、これに感覚体験と同じくらい強烈な実在感を与える必要がある、というわけです。何でもない個々のイメージに深い存在感を与えることができるでしょうか。われわれの思考を、意志と結びつけることができるでしょうか。それはいろいろな形でできると思います。

ある人にとって、誠実さという抽象概念はほとんどあってもなくてもいいようなものかもしれませんが、別な人にとって誠実であるということは、水を飲むことと同じくらいの実在感があるかもしれません。

従来の自然科学的発想の最大の欠点は、一人一人によって存在感の度合いのまったく違う概念を、全部同じものにしてしまうことです。統計はある政党を支持するかどうかを問いますが、どれくらい真剣に支持するかは問いません。誠実さとは何かを答案に書けることと、誠実であることとの相違は問われないのです。コンピューターに組み込まれた誠実という言葉と、一人の人間が自分の中に担っている誠実さの概念とは本来まったく別なものですけれども、データ上は区別のしようがない、というのが自然科学的な発想になるわけです。

まだ抽象的な「誠実」という概念（概念は、それを個人が心の中に受け止めると、表象になります）に実在的な性格を与えるには、同時に感覚であり、同時に意志であるような、そういう表象の在り方を作り出さなければなりません。そうするには、まず、表象に共感のエネルギーを込めることです。その表象が自分にとって意味あるものであり、自分はそれを欲する、という意志的なニュアンスを与えることです。それができるには、ひとえに、幼稚園から小学校にかけての時期に、物語や勉強の中で、一つの表象をどのくらい他の子供たちと一緒に喜び、あるいは感動しながら、共体験できるか、ということにかかっているのです。

意志の働きをできるだけ社会的に発達させ、単なるエゴイスティックな本能であったり、欲望であったりすることを越えて、この意志に理想的な目的地、道徳的な目標の土地を示すことができれば、暗い、自己中心的なその在り方を高度な人生目的という形によみがえらせることができる、と考えるのです。

一方の極に大きな目的を持った人生があり、他方の極に非常に生々しい実在感を持った表象が生き始めますと、その二つが互いに働き合って、ピラミッド型に上昇していき、ここに新しい認識の世界がひらけてくる、とシュタイナーは言うのです。

そしてこの上昇の過程をシュタイナーは「修行」と言い、新しい認識の世界を「霊的な世界」と呼んでいるのです。

シュタイナーの思想が、一方で教育の問題をかかえながら、もう一方で霊学、神秘学の問題を同時に持っているということの意味は、こういう形で考えることができると思います。

第四章　魂の教育

魂の在り方

これからさらに一歩ふみこんで、「魂の教育」の具体的な在り方を考えようと思いますが、その前に、魂とは何かについて考え、それからだんだん教育の問題に入っていきます。

魂という言葉は、キリスト教、仏教、神道など宗教の生活をしている人にとっては、親しみのある言葉ですが、一般的に学問の領域では魂という言葉は登録されていないのです。心とか精神という言葉で扱われています。

われわれが、魂という場合、一言でいえば主観の世界を指します。客観の世界というものは外にあって、社会とか、自然とか、歴史等をさします。そのような客観の世界に向かい合うとき、われわれ一人一人の内面に展開するのが主観的世界です。われわれにとってのかけがえのないわれわれ自身だけに通用する世界を一言で魂といっているわけです。

その魂を、ルドルフ・シュタイナーは大きく三つに分けています。それは、互いに三つの層をなして成り立っているとも考えられますが、実際は互いに入り組んだ在り方をしています。その魂は個人の場合、教育や社会的な人間関係を通して、だんだんその在り方を深めていきますが、同時に、時代によっても大きく変化していきます。同じ魂といっても、今から一万年前の人間の魂と、一千年前の魂と、現代人の魂とでは大きな違いがあります。恐らく一千年後の人間の魂も在り方が違ってくるでしょう。

先輩と後輩との間にも魂の在り方に違いがありますし、親と子の間にも魂の距離のようなものがあると思います。数年、十年、三十年、一世代の間にも魂の在り方に大きな変化があるとすれば、百年、千年、一万年の間には、もっと大きな変化があると考えられます。明治期の人の書いた小説を読んでも身近なものを感じるときもあるし、また全然違った感じ方をしていると思ったりします。時代が変わると魂の在り方も変わるようです。

シュタイナーは、大きく分けて二千百六十年という時代変化の単位をあげています。それは春分の日に東の空から上ってくる太陽が一つの星座（黄道十二宮の）から別の星座に移っていくときの時の流れに当たります。現在は「魚座の時代」ですが、そのあとに「水瓶座の時代」が来るのです。

十五世紀、ヨーロッパでいうとイタリア・ルネサンスの初期あたりから現代に至る時代は、大きな共通の魂の在り方を持った時代です。それ以前の二千年余り、紀元前八世紀頃から十五世紀くらいの間も大きな魂の共通の時代であり、さらにさかのぼると、それ以前にもまた別の魂の在り方がありました。歴史は三つの魂の在り方を辿りながら、現在意識魂の時代を生きている、と考えています。

エジプト・カルデア期	前四〇〇〇年―前八―七世紀	**感覚魂**
ギリシア・ローマ期	前八―七世紀―十五世紀	**悟性魂**
現代	十五世紀―二十世紀以降	**意識魂**

カルデアというのは、チグリス・ユーフラテス川の河口、バビロニア南部の占星術の盛んだった地方のことです。その川をさかのぼり、パレスチナを通り、エジプトに至る三日月形の肥沃な土地の先端にカルデアとエジプトがあるので、「エジプト・カルデア期」と呼ぶのです。その地方一帯にオリエント文化が栄えていたころのことをさします。そのころと「ギリシア・ローマ期」と「現代」との三つの時代には、人間の魂に大きな変化があって、それが現代までの魂の変遷の背景になっています。実際われわれが精神史、哲学史を読むと、紀元前六世紀から五世紀にかけて大きな意識の変化があり、それ以前は人間の魂がヴィジョンを中心にして生きていたような時代があったことを学ぶことができます。人によって、それを「神話の時代」と言っています。

「神話の時代」には至るところで神話が起こり、神話が生活の重要な部分をなしていたのです。現代まで残っている神話を読むと、論理的関係というよりも、夢の世界を反映しているように描かれています。エジプトの『死者の書』とか、バビロニアのギルガメッシュ神話とか、今読んでみると童話の世界のようにファンタスティックで、今のわれわれの魂の合理的な在り方に照らしてみると、ついていけないところがあります。しかし知的な理解から離れて、そのヴィジョンの世界に入ってみると、そこには不思議な意識の広がりがあります。実際、その時代の人々は今の人より夢を見ることが多くて、神や死者との出会い、予言、啓示を大事にして生きていたのです。

それに対して、「ギリシア・ローマ期」、つまりソクラテスやプラトン、アリストテレスの時代になると、急に魂が目覚めて論理的になります。東洋では、仏陀や孔子が現われ、同じように論理的な仕方で世界を解釈しようとします。その同じ魂の時代が中世になるとスコラ哲学を生み、さらにルネサンスを用意します。けれどもこの魂も今の人間の魂とはやはり根本的に違う、とシュタイナーは言っています。

感覚魂という言葉にはどういう意味があるかというと、もっぱら感性や感覚に頼って、イメージの生活を大事にする魂の在り方を言います。悟性魂は、それに対して論理的判断力が支配的となる場合です。そして悟性が発達するにつれて、魂はより主観的な在り方を強めていきます。

悟性魂の時代

今日の文化の基礎は、悟性魂の時代に作られた、ということが言えます。哲学の本を読むと、哲学はプラトン以来一向に進歩していない、と書かれていますが、そのくらい悟性魂がいまだに通用していて、それ以上に越えるほどの魂の表現はなかなか見当たらないくらい、悟性魂の時代が今の時代に直結しています。けれどもシュタイナーは、われわれの心の中には今でも悟性、すなわち理解力や知性が生きて働いている、しかしその悟性は、実は一文化期以前のギリシア・ローマ期の生き残りだ、と言うのです。そして、この知性・悟性は、われわれの心の一種の検閲官のような役割を果たして、われわれの心をいまだにコントロールしている、と言うのです。このコントロールの仕方は人によってさまざまですが、こんなことをしたら世間に顔向けできないのではないかとか、こんなことをしたらルールに反するのではないかとかいう種類の、自分自身をコントロールする役人のようなものが心の中にいて、われわれの内的な衝動に対してブレーキをかけています。

今のような管理社会では、だれでも社会生活の中で多かれ少なかれ管理を受けています。家に帰って管理から解放されて、自分の城の中で生活しようとしても、自分の中で管理社会を再生産していますから、自由でいられないのです。例えば、登校拒否を起こしたとき、その子の魂の在り方を問う前に、そんなことをしたら、管理社会に適応できなくなる、と考えるような発想をすべてシュタイナーは「悟性魂」と言っています。

ヨーロッパでもアメリカでも日本でも、現代の教育は悟性魂の作った教育です。ある学校で、子供の髪の毛の長さ、服装、靴の色等を外から規制しようとする場合、悟性魂が子供に教育しているのです。悟性魂の時代の典型は封建社会の時代です。上下の区別があり、同じ身分同士の間でも相互にいろいろ外的なルールがあって、その外からのルールの中で生きていれば生かされ、そのルールに反すると排除される社会です。その社会の在り方が今の教育の中心の柱になっているので、第一章の中で述べたヘルバルトやデューイの教育学にしても、魂の在り方からすれば、結局は悟性魂が作り出した教育学と言えます。その魂の時代がルネサンスの時代になると変化していきます。日本でも江戸時代あたりからそういう傾向が顕著に出てきて、個々にその時代からはみ出した異端者が出てきます。それからはこの異端者が本当の生命ある文化を生み出し始めるのです。

シェークスピア、レオナルド・ダ・ヴィンチ、ベートーヴェン等、近世の文化を作り出した人々は、全部どこか異端者です。つまり悟性魂がつくり出した時代の体制に対して適応できず、はみ出したところでつくりあげた文化がそれ以後一番重要な力を担い始めるのです。シュタイナーはドイツ人なので、一番記念碑的に近世のこの人間の魂を描いているのはゲーテの『ファウスト』なのだと言っています。ファウストの生き方を一言でいうと、〈人間は努力する限り迷うものだ〉という科白(せりふ)がそれに当たります。努力する限り迷う存在で、迷わなければ本当に生きたことにはならない、という考えが十五世紀ころから人々の心にだんだん衝動として出てきたのです。どうしても新しい文化が一つの形をとるのに数百年かかるので、その衝動は二十世紀になるまで実生活の中ではいつでも異端として、許されないものとして、抑えられてきました。

しかし文学や芸術の中では、いつでもそれが重要なエネルギーを生み出したのです。例えば、ドン・ファン、サド、ドストエフスキーの小説の中の人物たちと同じような生き方をしようとすると、今日でも実生活の中ではたちまち不幸な悲劇的な状況にいかざるを得ません。けれどもわれわれが文学を通して何かを学ぶときには、そういう異端的な世界を生き抜いた人から多くのものを学ぶのです。ヘルマン・ヘッセもそうですが、文学上の主人公をわれわれが現実に生きようとすると、まず生きられない世界にわれわれはまだいるのです。

その端的な現われが教育の現場です。教育の中で子供たちが「努力する限り迷う存在」として生きようとしたら、大変なことになります。そこで、シュタイナーは特に十四歳以後の青少年のために、そういうことの許される教育環境を今すぐに作ろうとしました。しかしそれはただ自由な教育環境なのではなく、非常に秩序があり、調和のとれた教育環境なのです。その中で生きる子供たちは、悟性魂の教育――強制しながら型にはめた人間を作る――ではなく、自分の内部の衝動がそこでよりよく生かされるような教育に出会います。意識魂を重要視した教育です。われわれが魂の教育を考えるとき、「意識魂の教育」を考えなければ、シュタイナーのいう「魂の教育」にはならないのです。

意識魂の教育

シュタイナーは意識魂をどう考えたか。シュタイナーの魂の教育はどういう意味で意識魂であり、どういう意味で悟性魂であり、どういう意味で感覚魂なのか。

それを考えるには、一つの前提があります。人類が大きな時代区分の中で魂を発達させたように、一人の人間も、幼児期から、人類がたどった魂のプロセスをたどっているのです。生まれてから三歳ぐらいの子供たちは、感覚魂以前の主客合一の世界、太古の魂の中に生きています。それがだんだん、自分の中に他の人と違うのではないか、という初期の意識の目覚めを三歳くらいのときに体験し始めると、親にイヤと言えることが、大きな喜びになります。イヤと言うことによって他人と違うことを体験できるようになると、「感覚魂の時代」に入っていきます。幼稚園時代は感覚魂の時代です。ひたすら、感覚を外に開いて周囲の環境を自分の中に作用させようとします。それがシュタイナーの言う「模倣衝動」ということで、どんなことでも大人の考えられないくらいの集中力で子供は模倣しようとするのです。それによってエジプト・カルデア期の時代の魂を自分の中に成熟させるのです。

小学校に入る六、七歳ぐらいになると、悟性魂の時代に入ってきます。九歳のころ、三、四年生のころは、悟性魂の魂を自覚するようになってきて、十四、五歳までに自分の中にギリシア・ローマ期の時代の魂を体験していくのです。

十五、六歳で意識魂的な自分を自覚します。先生や親が自分の内的衝動を全然認めてくれないと、自己破壊か、周囲に対する破壊・暴力行為にまでいくことがあります。それによって悲鳴のように自分を主張するのです。子供も、人類の意識の発達をそれぞれが体験していきます。いきなり小学校の子供に対して、今の時代が意識魂の時代だから、今様の意識を大切にしようというのではなく、子供に悟性魂を十分体験させるのです。悟性の目覚めを健全な形で体験させるのです。そのとき初めて、自分自身の行為を自分で責任をもって背負えるような意識魂の時代の魂を成熟させられるのです。そういう発達段階を教育の場に生かそうとするのです。教師の方は、どこまでも意識魂の持ち主として、悟性魂を教育していきます。

シュタイナーのような立場の神秘学は現代のアカデミズムには登録されていませんが、それでも今世紀の初めごろ、ミュンヘン大学でハンス・ドリーシュという哲学者が「有機的なものの哲学」を打ち立てて、神秘学をアカデミックに表現してくれました。パリのベルグソンにも同じことが言えます。神秘学は非常に古い学問で、プラトンにも、新プラトン派にも、スコラ哲学にも、ルネサンスの自然哲学にもあり、長い伝統を持っています。十七世紀から十八世紀になってくると、近代自然科学が学問の中心になり、神秘学が学問から消えてしまいます。その当時、学問は知性をもとにするものか（合理主義）、意志をもとにするものか（直観主義）の大きな論争がありましたが、意志をもとにする学問であり、直観による認識を問題にする神秘学は、知性の立場に立つ学問、つまり「ドクター」の立場が中心になるに従って、アカデミズムの中から消えて行きました。

人間の構造

最近になって、数式とか因果論だけでは人間世界のなぞが解けなくなった時点で、また神秘学が新たによみがえりました。神秘学の観点からいうと、肉体があり、肉体に生命活動を可能にする生命体があり、その生命体の中で動物と同じように周囲の対象を感じて、それを内的に体験できるようにするアストラル体があり、その体験を統合する自我があるのが人間です。それが神秘学の人間観です。

人間の構造
- 肉体
- 生命体（エーテル体）
- 感覚体（アストラル体）
- 自我

　このように考えると、人間が神秘学的発想でとらえられます。シュタイナーは、この四つの観点から人間を見ることが神秘学を解くかぎになる、と言っています。エーテル体と肉体はくっついていてなかなか離れません。自我とアストラル体も一つに結びついています。われわれは夜眠ると、布団の中でエーテル体と肉体が無意識状態で休んでいます。その時アストラル体がエーテル体に結びつくと、夢を見ます。完全に、エーテル体から自我とアストラル体が離れると深い眠りに落ちるのです。朝、自我とアストラル体が肉体とエーテル体に結びつくと、目が覚めます。自我とアストラル体は、いつも一緒に結びついていますが、酒を飲むとアストラル体から自我が分離した状態になり、言ってはいけないことを言ったり、思いきり泣いたり笑ったりするのです。それらを前提として、「泣く、笑う」という魂の最も基本的な自己表現のことを考えてみます。

泣く、笑うのリズム

神秘学からいうと、泣くことは自我がアストラル体を自分の方へ向かって強く引っぱり込む状態をいうのです。泣くことの基本は悲しみです。悲しみというのは、いつも生活の中で自分の側にいるべきだれかがもはやいなくなるとき、またはわれわれの自我が周囲に対して無力感を感じるときに生じます。周囲の世界と自分との関係において、自分は無力になってしまった、と感じるのです。悲しみの結果、それに対抗するために、自我がアストラル体を自分の方に引っぱり込んで、一つの集中した自我とアストラル体をもって周囲に向かい合おうとすると、その結果、肉体が泣くという形でそれを表現するのです。

それに対して、笑うということは、自我がアストラル体を自由にして、そのアストラル体を周囲の世界に向かって広げる働きをします。アストラル体が環境の方に広がっていくのです。それが肉体を通して笑うという形で表現されるのです。そのようなとき、例外もありますが、多くの場合、自我は周囲に対して一種の優越感を持ちます。

泣く場合は、周囲に対して自分が無力感を持つ場合、笑いの場合は、周囲に対して逆に優越感を持つ場合です。アストラル体が自我の拘束から離れて、周囲に向けて自分を広げることができると、それが笑いに通じます。そしてそれは呼吸と直接関係のある表現です。笑うときは、短く息を吸って長く息を外へ向けて吐く、という形で表現されます。また、泣くときは、短く息を吐いて長く息を自分の中に吸い込む、という形です。アストラル体と呼吸の息は密接に関係があり、泣くこと笑うことも呼吸に直接関係があります。泣くことと笑うことは、人間の魂の一番基本的な表現なのです。

われわれの魂の中で、自我という一番かけがえのない大事な部分が、周囲に対して自分をその都度泣くことと笑うことで表現しています。このことは一見何でもないように見えますが、大事なことなのです。このことがわれわれの文化のいろいろなことにかかわっています。音楽の中で、なぜ五度の音程の真ん中に三度の音程が入ることによって、魂の表現になるのでしょうか。短三度を含んだ短三和音は悲しみの表現であり、長三度の音程を含んだ長三和音は明るい響きになります。長音階が明るく、短音階が悲しみを表現していることは、アストラル体と自我との関係を考えるとはっきり理解できます。基音を自我、五度をアストラル体として、真ん中の三度に意識魂の座があるとすると、その位置の微妙なずれによって、同じ音が悲しみのように響くとき、それは自我が魂を自分自身の中に取り込もうとする響きなのです。アストラル体が周囲に対して広がる響きになると、その結果、音が喜びの表現になります。同じように、色彩の中で外に向かって開放感を与えてくれるような黄色、オレンジ色の場合の印象と、逆に内へ向かう青紫色の印象との大きな違いも、魂の喜びと悲しみ、笑うことと泣くことに関係しています。

笑うこと、泣くことは、われわれの魂の大事な働きです。シュタイナーは、魂の基本は泣くことと笑うことを通して集中的に表現されるリズムである、と言っています。リズムが魂の基本にあるのです。リズムが魂の中で正しく営まれていれば、その魂は、健全に発達していきますが、そのリズムが押さえられてしまうと、魂は自分が生かされていないと感じて、だんだん萎縮（いしゅく）し、無力感にとらわれるようになります。そこでこのことを改めて意識魂の問題と結びつけて考えてみようと思います。

意識魂と自由

意識魂とはわれわれが現在持っている魂の在り方です。その在り方の基本はわれわれ一人一人が他の人間と違った、かけがえのない存在だということです。自分がかけがえのない存在だから、外にもいろいろなかけがえのないそれぞれの個性を持った人たちがいて、どの人も、他の人ではその代わりをすることができないような何かを持っている。自分も他人もどんな別の人とも違う何かを持っている。そう感じる魂です。そういう感じ方がわれわれの魂にあって、かけがえのない自分を無意識に持っているのではなく、意識的に持ち始めると、それが意識魂の姿になるのです。もしわれわれの魂が他の人たちと同じ存在で、百人の中の一人にすぎなく、自分の独自性が認められなくても、十分環境の中で生きていかれれば、その人の魂は悟性魂の在り方をしていると言えます。

　意識魂を自分の中で体験し始めると、必ず出てくる大事な問題は、自由な生き方をしたいという衝動と、かけがえのない者同士が深く結びつきたいという愛の衝動の問題です。自由と愛が意識魂の二つの生きがいです。意識魂にとっての「自由」というのはどういうことかというと、まず第一に、どんなことでもよいのですが、何かが外から自分に向かって強制してくるとき、そこから解放されることです。またそのために一度それを意識化して、そのことの意味や目的を認識したいと要求することです。その要求が通りませんと、自由の衝動は生かされません。ですから理由の分からないものを外から強制されると、生きていられないほど辛い感じになります。その自由の衝動を生かすためには、なんらかの外からの要求を一度意識化してそれを自分の内的衝動に変えなければならないので、自由と意識というのは非常に深く結びついているのです。

愛情の場合も同じです。無意識にだれかを好きになってしまうのではなくて、「あなたのことをすべて知りたいのです」という科白があるように、知るということが前提になっていて、相手が他の人と違うということを意識できるところから「愛」が始まるという愛の在り方を大事にし始めると、それが意識魂の生き方になってきます。シュタイナーはこう言っています。「愛は盲目にする、と人は言うけれども、それは決して正しい言い方ではなく、愛は他の人には見えなかった長所を見えるようにすることだ」と。それはどういうことかというと、愛情とは、他の人が長所、魅力として見られなかったところに、その人の長所や魅力を感じとることです。それが意識できたときに、相手に対して愛を持つことができたことになるのです。「あばたもえくぼ」といいますが、他の人にとってあばたでしかなかったものが、美しいものに見えてくることが重要なのだ、とシュタイナーは言っているのです。そうでなければ、愛ではなく同情にすぎません。そういう感じ方を意識魂とシュタイナーは言っています。「それはあばただ」というのは悟性魂の言うことです。山登りの好きな人に、「なぜそんなに苦労して山に登るのか」と問うのは悟性魂です。「そこに山があるから」と言うのが意識魂で、その違いは決定的なのです。周りの人が何と言おうと、ばかげていると言おうと、自分にとってどうしてもやりたいことだからやる、というと、それは意識魂の態度になります。とんでもないことをやる人がいます。悟性魂からすれば、ばかなことをする、ということになるのですが、その人にとっては、それが人生だということになります。そこにはどこか異端のにおいがあるのですが、それは言い換えると、その人にとっての自由と愛が生かされる、ということなのです。

そういう意識魂は、今日のすべての人の内部に生きていますが、一般の社会環境がそれを押さえています。自分の中の悟性魂という検閲官もそれを押さえています。フロイトは、この検閲官のことを『夢判断』という本の中で的確に表現しています。われわれの無意識はすでに意識魂的な在り方をしているのに、意識はまだ悟性魂的な在り方をしていて、そこにギャップがあるというのです。無意識の中から意識魂的な衝動が浮かんでくるときに、われわれの内部の検閲官が意識にのぼらせることを拒否して無意識の中に追い返してしまうのです。そうすると、無意識の中の衝動が何とか形を変えて、検閲官の目を盗んで意識の中にのぼって行こうとして、ありとあらゆる手を使って変相しつつ自分を意識の中にしのびこませようとして出てきたものが夢なのだ、とフロイトは言っています。夢判断によって、逆に無意識の意識魂的衝動を解釈するのです。その解釈の結果、それが十分に意識化されると、多くの場合神経症が治る、というのです。本当の内的衝動と意識の悟性魂の間に調和が保てなくなった時点で、神経症的症状が現われてきます。フロイトは、ほとんどの場合、この衝動をセックスと結びつけています。別にセックスに結びつけなくても、自由の衝動でも、もっと精神化された愛の衝動でも、同じことです。異端的なものが、今の人間にとって非常に重要な意味を持っているのです。

今、われわれの魂は泣くことと笑うことを通して自分を表現していますが、その表現の仕方は意識魂的になっています。従来の自然な笑い方や泣き方にならなくなってきています。なんらかの意味でそれが意識魂の表現になっているのです。

小津安二郎の映画には、まったく意識魂的な泣くこと笑うことが表現されています。それは隠されておりながら、内面的に集中的に深く体験されているのです。それが表情や態度にストレートに出ない人間同士の関係が映像に表現されています。一つの高度の文化環境があって、そこに出てくる人は自分自身の内的要求を非常に強く、活発に持っているのですが、持っていればいるだけ、それを表に現わそうとしないのです。内的に、自分のものとして処理しようとしています。それが処理できなくなった瞬間に、ある非常にドラマチックなシーンが現われてきます。そういう人間関係を描いています。ドストエフスキーの場合は正反対です。自分自身の潜在的に隠された意識魂の部分が非常に大きく拡大され、泣くことや笑うことを通してグロテスクなまでに強調されているような感じです。ですから非常に独特なユーモアと悲劇的情景が交互に出てきます。グロテスクとかユーモアとかは意識魂のための表現形式なのです。

われわれにとって非常に大事なことは、意識魂を今自分たちが育てようとしているのか、あるいは押さえようとしているのかの問題です。特にシュタイナーのような発想に立てば、われわれの世代よりも、もっと若い世代になればなるほど意識魂がもっと敏感で強くなっていくはずなので、われわれは子供たちの意識魂を生かそうとしているのか、押さえようとしているのかよく考えた上で、若い世代に接していかなければなりません。

したがって、魂の教育は次のようにまとめられると思います。まず、意識魂の場合、

一、治療と教育と修行が一つにならなくてはいけない。

二、教育する側の人間は、教育される側の人間に対して、いつも自我対アストラル体という形で向かい合わなければいけない。

まず、一について言いますと、われわれの意識魂はわれわれの社会生活を通じて、どこか病気になっていると思わざるを得ません。われわれの悟性魂は、今健全に発達しているといえますが、意識魂はいろいろな形で傷を受けてしまっているのです。幼いときから大人になるまで、周囲の出来上がった社会体制は悟性魂によって作られているので、その中で意識魂が生きようとすると、必ずどこかで押さえられ、治療を必要とするまでに力を奪

われているのです。しかしわれわれは悟性魂社会の中で一見安定して生きているので、自分が治療を必要としている人間だとは思っていません。ですから、われわれ自身、意識魂において非常に不健全な生活をしているということを知っておく必要があるのです。教育はそれを踏まえて、意識魂を調和的に発達させるためにどういうことが可能かを問題にします。修行とは、いったん痛めつけられてしまった意識魂をもっと健全に発達させることです。そして今まで見えなかったものを見えるような方向に自分をもっていくということです。修行と教育と治療の三つが一つにならなくてはいけないのです。そう考えたとき、初めて意識魂が健全な仕方で生きていけるのです。

例えば年をとって、もう自分たちの老い先があと十年、二十年しかない、と感じるようになってきたとき、いったい自分に何ができるだろうかという一種の敗北感の感じを持ちながら生きるとしたら、その意識魂は猛烈に苦しむわけです。シュタイナーにとって意識魂とは、死んだあと初めて活発に生きて働く潜在的な可能性をも意味していますから、一生懸命に生きたすえに死んだとき、死後初めて、自分の中の十分生かされなかった意識魂が本来の生き方を始めることができる、という考え方を持つことができれば、晩年の人生は全然違ったニュアンスで生きることができるのです。それが修行と教育と治療による魂の教育です。

自我によるアストラル体の教育

もう一つの、自我によるアストラル体の教育とはどういうことかといいますと、われわれが子供に向かって教育者としての態度をとろうとするとき、われわれの意識魂、つまり自我が、その子供の成長する魂と向かい合わなければならないのです。ところが、大部分の教育の現場では、先生と生徒とは同じ人格の次元で向かい合っています。同じ人間同士だから裸で付き合おうとか、自分のストレートの感じを出すほうが子供も受け容れてくれるだろうとかいう仕方で、同じ次元で向かい合う場合、子供にとってその態度は納得できないものになりますから、先生が尊敬できなくなります。それどころか、そもそも意識の進化についていえば、後から生まれた人間の方が進んでいるので、大人たちのかなりみずみずしさを失ってしまった感性、固まってしまった魂に対して、子供は一種の不信感を持ってしまうのです。もし大人が自我で子供のアストラル体に向かった場合には、子供は大人というものは自分と人格的に一段違ったところから働きかけてくれる、ということを感じとれると思います。それは、ちょうど聖書の「山上の垂訓」で言われていることと同じです。キリストはいつも特定の弟子に大事なことを話すとき、山の上に登って教えました。「山上の垂訓」は、民衆に対する教えではなくて、将来、使徒として皆の中に福音を広める使命をもった人に対して言っていることですから、教師とか、患者に対する医者の態度として、なぐられたら反対側の頰を向けろというのです。それは一般の市民社会で生きている者同士ではなく、何か人に教えよう、人を救おうという立場の人がなぐり返したりしたら、相手は信頼しようとしなくなるというのです。そういう意味で、相手のアストラル体に向かい合う場合には、徹底的にそのアストラル体を理解しようとしないと、教育は成り立たなくなります。自我が子供のアストラル体に対して、いつも徹底的に理解しようとする態度をまずとらなければいけません。無理解な教師であっては何も始まりません。

今の時代に一つの魂と一つの魂が出会ったとき、その関係を深めることができるかどうかは、相手をよりよく理解できるかどうかにかかっているのです。相手を理解できなかったら、魂の次元では、まだ関係が始まっていないのです。子供の魂と大人の魂が出会ったとき、大人の魂が子供の魂をひたすら理解しようとすれば、その魂は教育する側の魂になります。逆に教師が子供によって理解されたいと思いながら教育したら、その魂の位階は逆になってしまいます。教師は一人一人の子供の個性を理解しようとすることに徹することが大切なのです。

次に大事な問題は、子供の気質を大人が理解するということです。その場合、大人の方は粘液質、多血質、胆汁質、憂うつ質の全部を使い分けられなければなりません。使い分けられるということは自我の能力です。それぞれの気質はエーテル体に基づいたアストラル体の働きです。先生は、この子供が多血質だと思う場合、自分の気質を多血質に変えて、多血質同士として向かい合わなければなりません。先生にとって気質の勉強は決定的に重要なことです。そして自我が自分を役者のようにして、自分を自我によって自由にコントロールできるようにするのです。

同じように、泣くことと笑うことの気分を先生は先生である限り、自分自身でコントロールできないといけないのです。そして教室で笑いが必要なときは、子供たちのアストラル体を教室の空間に発散できるような空気を作るのです。教室における泣くことと笑うことのリズムです。それが教室の中で実現されると、子供の魂が非常に健全に影響を受けて作用します。必ず教室の一つの時間には笑う瞬間、泣く瞬間（集中する瞬間）がなければ教育の成果は上がりません。それが、自我によるアストラル体の教育の基本です。

それについてシュタイナーはこんなことを言っています。子供に嫌なことを言われたり、からかわれたりしたとき、傘を持たずに外に出て、にわか雨にあったときと同じ態度をとればいい、というのです。ずぶぬれになっても雨に対しては怒れません。仕方がない、傘を持たずに出た自分が悪い、と思います。それと同じで、子供に嫌なことを言われたり、笑われたり、ひどいことをされても、これは一つの自然現象だと思えばよく、一週間、ひと月とたつうちに、目に見えない地下の通路が子供たちの魂と先生の意識魂の間に作られていきます。そこから初めて本当の教育が始まるのです。そういうわけでシュタイナーの勉強をする者にとって、われわれの意識魂をどう育てようとしているかが決定的になります。

意識と気質

最後にそれと関連して、われわれの日常生活に結びつけて考えると、「意識と気質」の区別を考えることも必要です。シュタイナーの弟子たちはよく、「これは意識の問題です」とか、「これは気質の問題です」という言い方をします。ある女の人がシュタイナーの修行をやっているうちに、シュタイナーに、「自分は人の過去が見えるところまできたと思うが、人にその人の前生を話してもよいでしょうか」と言ったとき、シュタイナーは何も答えず、「それは意識の問題です」と答えました。

気質とか体質（コンスティテューション）とかは、その人の持っているエーテル体の在り方に依存しています。例えば、ある人が「どうもあの人はいつも会合に遅刻して困る」と言うとき、「それはコンスティテューションの問題です」と答えるとします。それによって何が言いたいのかというと、コンスティテューションの問題ですというのは、モラルではない、ということです。うっかりすると、われわれは、気質の問題を道徳の問題と混同してしまって、相手の欠点が気質に由来するものか、その人の社会性に由来するものかを区別できなくなってしまいます。親子の間でも、相手の気にさわる部分というのが、自分の気質が相手の気質に対してそういう反応を示しているのかどうかを考えないと、基本的な人間関係が成り立ちません。

それに対して、意識とはどういうことか、というと、その人の自我がそれにかかっている行為のことです。もし、ある人が内的衝動にかられて何かやりたいというときには、それは意識の問題です。シュタイナーという人は聞かれなければ何も答えなかった人でした。例えば、ロシア革命のとき、シュタイナーの弟子のロシア人が「私はこれから祖国へ帰って革命のために働きたいと思います」と言ったら、シュタイナーはとても悲しそうな顔をしましたが、「そうですか」としか言いませんでした。その決意にその人の自我がかかっていたので、シュタイナーは何も言えなかったのです。そのとき、もし行ったほうがいいか悪いか、と聞けば、自分はこう思う、と答えたはずです。自我、あるいは意識魂の決断に関しては、シュタイナーは全面的にそれをその人の運命として受け容れます。常識的に考えると、悪いと分かっていて黙っているのはいけないことに思えますが、しかし、どんなカルマがその人にそうさせているのか分かりません。意識魂から内的必然性をもって生じたものに対してはともかく一度は全面的に受け容れて、そのあとであらためて何か態度を示すのです。それがシュタイナーの神秘学から出てくる基本的な人間関係の態度です。

ちょうど、新しい音楽を聴きに音楽会へ行ったときのように、相手の表現することを、先入観をすてて一度は聞こうとする態度をとることが問題なのです。意識魂に対しては、こちらが敬意を払っていると相手が感じるならば、そこから新しい人間関係が生まれてきます。互いに相手が心をひらいて聞いてくれる、相手が自分の意識魂を受け容れてくれる、と感じることのできる環境でないと、意識魂は幸福感を持てません。ちょっと何か言えば、今の言い方は間違っているとか、言い方が幼稚じゃないかとか、それは私が十年前に考えたことだ、とか言うと、それは悟性魂が言っているので、言われた方の意識魂は否定され、相手と結びつけないと感じるのです。例えば、シュタイナーを一つの文化運動としてとらえて、その運動をリードしようとか、何か社会に影響を与えることのできる手段のひとつとしてそれを利用しようとか考える人は、結局、悟性魂によって自分を表現しているにすぎません。その限り、いくらやっても、それだけではまだシュタイナーの言わんとしている方向の意識魂にはつながらないのです。他人に自分を理解してもらいたがっているだけなのですから。

第五章

シュタイナー教育の観点から見たカルマと転生

輪廻転生の問題

第三章で述べた意志と表象の問題は、人間が決して誕生から死までの期間だけの存在なのではなく、生まれる以前にも死後においても存在し続けていることを暗示していました。古代インドのヒンズー教や古代ギリシアのオルフィック教から現代のルドルフ・シュタイナーの人智学まで、古今東西の神秘学は生まれる以前や死後の世界とこの世との関係を、輪廻転生（りんねてんしょう）の観点から説明してきました。つまり人間はだれでも、過去において無数の地上生活を繰り返してきたし、死後も繰り返して再び地上に生まれ変わってくる、というのです。

ルドルフ・シュタイナーの主著の一つに『神智学――超感覚的世界の認識と人間の本質への導き』という本があります。これはシュタイナー霊学の一番基本的な問題を扱った本ですが、この本の中心になっているのがやはり輪廻転生の思想です。三部構成になっており、第一部が『人間の本質』、第三部が霊界そのものについての記述で、その中間の部分に輪廻転生についての詳しい記述があるのです。ルドルフ・シュタイナー自身、あるとき、自分の思想内容のすべては太古の東洋から現代にいたるまで、いろいろな形で既に語られ続けてきたことでしかない、けれどももし自分が何か新しいことを伝えることができたとすれば、それは輪廻転生についての解釈であろう、という言い方をしていました。

彼は霊学もしくはオカルティズムの、現代における一番重要な課題は輪廻転生の事実を現代にふさわしい仕方で解釈することだ、と考えていたようです。それでこの章では、シュタイナーの思想の一番中心になるこの部分に焦点を当て、この部分がどれほど「シュタイナー教育」の確かな土台となっているかを明らかにしてみたいと思います。

輪廻転生とかカルマとかいっても、ヨーロッパ人と違って、日本人はそういう言葉や考え方にそれほど違和感を持たずに済むと思います。戦争中の時代を経験している人は、「七生報国」（七度生まれ変わって国のために働く）をいやというほど耳にしましたし、現代でも「袖振り合うも他生（たしょう）の縁」というような前世・現世・来世の「三世」の思想、つまり生まれ変わりの思想は生きています。

しかしあらためてわれわれが学校から学んだ近代的な認識の方法で生まれ変わりの思想を考えようとしたら、ヨーロッパ人の場合と同じように、まったくそれは異質な考え方でしかありません。しかし心情的にはどこか親しみを持てるところもあるわけです。

まずそういう前提を踏まえて、われわれ自身の日常生活の中で、いったい輪廻転生の問題がいつ特に意識されるかを考えてみますと、一番それが身近に感じられるのは、恐らく障害児の教育、心身障害者の問題に向かい合ったときだと思います。あるいは自分が重い病気にかかって入院したり、自分がだんだん年老いて、あと何年生きられるか、と考えるようになったときだと思います。つまり、どうしても死の問題と向き合わなければならないようなときに、輪廻転生が自分の問題として感じられるのではないかと思います。

オカルティズムとの出会い

シュタイナーの立場からいえば、われわれのすべては多かれ少なかれ、障害者です。例えばシュタイナーのような霊的能力のある人から見れば、われわれは盲目同然ですし、耳も聞こえないのも同然です。「一寸先は闇だ」という言葉があるように、未来については何も知らず、過去についても、われわれがどこからこの世にやって来たのか、何も知りません。ですからそういう状態の人間が五体満足で精神も健全に機能している、と思うことはとてもできないのです。しかしそういう状態の中で生きている人間から見ても、障害を持っている人の生活というのはもっともっと、いろんな意味で厳しいわけです。

突然交通事故に遭ってしまったり、あるいは手術で大事な自分の身体器官を切り取らなければならなくなったような場合にも、いったい存在と肉体とが同じなのかどうかということをどうしても感じてしまいます。ローマの有名なことわざに「健全なる肉体に宿る」というのがあって、日本でもよく知られたことわざの一つになっています。それからいえば、もし肉体を満足に持っていなければ、魂も精神も健全なものではない、ということになってしまいます。そういう発想に立ってしまいますと、体が病気になれば、精神活動も病気になるし、肉体が老衰してくれば、恍惚の人として、その精神活動も弱ってしまう。それからもともと障害を持って生まれついた人は魂もどこか不健全である、と考えざるを得ません。

しかしある瞬間にはそういった、いわゆる唯物論的な発想が何か自分の中で無縁になり、自分にとって決して肯定できないものに思われてくることがあります。一番そう感じられるのは、われわれがその人間を特別愛している場合です。そういうとき、予感とか思い出とかという時間的な関連であらわれてくる非日常的な感情にうながされて、自分が今まで一度も感じたことのないような何か不思議な浄福感とでもいうべき感情に満たされます。それが何であるのかよくわからず、今自分が感じている感情は何なのだろうか、と考えて、自分の心の中に用意してある字引でいろんな言葉を拾い上げようとします。けれどもそれにあてはまるような概念が見つからない場合、ますますその浄福感が相手や自分の存在を全然違った角度から照らし出すような感じにさせる場合がありうるのです。同じことはプラスの意味でもマイナスの意味でも生じます。今まで感じたことのないような苦悩を体験することもあります。

例えば、これからも当然存在し続けると思った人間関係が突然だめになってしまう。自分の愛している人が死んでしまったり、別れてしまったりするような場合、自分の心の欠けてしまった部分を埋めようと思っても、どうしても埋まらないような場合のように、これまでの自分の知らなかったような苦悩が現われてくるときは、その苦悩の深刻な意味をあらためて考えざるを得なくなります。自分の心の中で今まで用意しておいた言葉ではそれに対応できず、あらためて人間とは何なのだろうか、今まで常識的に考えていた自分とか相手とか、あるいはそもそも人間というものが、果たして今までの常識で説明がつくものなのか、と考えさせられてしまいます。そういう関連の中で、輪廻転生とかカルマとかが、どうしても問題になってくることがあると思うのです。ところが先ほど言いましたように、われわれの小学校から大学までの間に受けてきた教育では、そういう感情を取り上げて解釈を加える方法論が用意されていませんから、結局感情というものは単なる主観的なものにすぎず、それは自分の願望が投影されたものにすぎない、とか、あるいは自分が昔体験して、無意識の中にしまい込んでおいた種類の感情が何倍かに増幅されて出てきたにすぎないとか、そういう形の説明で終わってしまって、人生最大の関心事のはずなのにそれ以上に進むことができずにいるのです。

しかしわれわれ自身の感情の持っている認識の機能というのは、非常に高度なものです。感情を掘り下げていきますと、霊学の問題と出会う場所に行き当たります。そしてそういう場所での感情による出会いが、現在一人一人の内部で生じているからこそ、現代は従来の考え方から逸脱しているようなものに対する関心がいろいろな形で高まってきている、とも言えるのです。今言いました「逸脱しているようなもの」は、われわれの理性が行使する科学的な理論によっては取り上げられないにしても、感情の世界では取り上げることができますから、芸術、音楽、文芸、絵画の領域で、すでにさまざまな仕方で表現されています。例えば音楽の分野では、リヒャルト・ワーグナーが晩年、仏陀(ぶっだ)をテーマにした「勝利者」の中で、輪廻転生とカルマを音楽で表現しようと構想したことがありますし、文芸の分野でも、ノヴァーリスの『青い花』や三島由紀夫の『豊饒(ほうじょう)の海』の中にも生まれ変わりの思想が脈打っています。

カルマ＝霊的因果律

それでシュタイナーは、現代の理論的な悟性の認識力でも受け容れることができるような輪廻転生の考え方が提示できないだろうか、と考えたのです。そしてその問題を通して、感情の世界と理論理性の世界との乖離(かいり)を克服して、再びそれらを結びつけられるような方向を見出そうとしたのです。

ですからこれから申し上げることは、感情の世界でわれわれがすでにいろいろな仕方で体験していることを、どこまで論理の世界に置き換えることができるか、という問題にもなってきます。そういう観点から考えていきますと、まず、カルマとは何か、生まれ変わりとは何かについて、性格づけをする前に、あらかじめ一応定義するところから始めてみようと思います。

カルマについて、シュタイナーは非常にはっきりした定義をしております。つまりカルマとは「霊的因果律である」と言うのです。霊的な次元での因果関係です。そういう言い方をしますと、普通、人は霊的という言葉にあまりなじんでいませんから、この言葉だけで既に何か違和感を感じて、「霊的因果律」という考え方にはとてもついていけない、と思うでしょう。けれども霊的という、いわば学問的には聞き慣れない言葉を意識的に使うことがシュタイナーの思想を理解するのに必要なことなのです。

例えば、フッサールという哲学者も自分の一番大事な概念を使うときに、「ノエシス」と「ノエマ」というような、全然聞き慣れない言葉を使っています。オットーという宗教学者も自分の思想のキー・ワードとなる概念を、「ヌミノーゼ」というような、これも聞いたことのない言葉で表わしています。「霊的」という一見聞き慣れない言葉を使うのも、皆さんの記憶の中の字引に用意されていない言葉が必要だと思うからです。もちろん皆さんがキリスト教神学に親しんでいたり、平田篤胤（あつたね）や本居宣長や、あるいは幕末以来の教派神道の思想に親しんでいるのでしたら、霊的という言葉は始終耳にする言葉だと思いますが、唯物論的な発想や近代自然科学的な発想の中で生きている人にとって、霊的という言葉には非常に違和感があるわけです。しかし違和感があるからこそ使う必要があるのです。それを違和感のない言葉に置き換えて、例えば心理的とか、精神的とか言うとしますと、皆さんの常識がそれを肯定してしまうわけです。そうしたらこれから言おうとすることはあまり意味のないことになってしまいます。ですからもし言い換えるのでしたら、西田哲学と同じように、例えば「絶対矛盾的自己同一的」とでも言うような概念を使ったり、外国語でしたらプネウマ的とかヌース的とか言うべきだと思います。けれども幸い日本語には、霊魂体、あるいは一霊四魂と言うときの霊という伝統的に美しい言葉があるのですから、それを借りて、「霊的」と言うわけです。

霊的とは何か

それでは霊的とは何か、とあらためて問うことになりますと、それを説明するだけでも多くの紙面が必要になってしまいます。はじめに触れたシュタイナーの『神智学』の全篇がこの言葉の説明にあてられているので、この本をお読みになるようにお勧め致します。この本はシュタイナーが霊の本質を近代的な論理の枠内で浮き彫りにできるように、一生かけて書いた本です。ですから哲学書を読むような態度で読んでみれば、むしろ分かりやすい本だといえます。推理小説を読むようなつもりで読めば、もちろん難かしい本だということになりますが、それは程度の問題にすぎません。丁寧に読めば、大人ならだれにでも理解できるように書いてあるはずです。

霊的という言葉はそういうことで一応乗り越えさせていただいて、「霊的因果律がカルマだ」ということになるとすると、それでは霊的ではない物質的な因果関係、あるいは日常生活の中の常識的な意味での因果関係と、シュタイナーのいう霊的因果関係と、どこが違うのか、という問題が出てきます。シュタイナーはこれについて、いろいろな角度から説明しています。

常識的な意味での因果関係というのは、原因があり、結果があって、その原因と結果が論理的に結びついている場合です。例えば日当たりのいい場所にブロンズの彫像が置いてあったとします。今、手で触ってみて、その彫像の表面が温かいのはなぜか、ということが問題になったときに、それは日光がその金属に熱を送り込み、その輻射熱の働きでそれが温められたのだ、という言い方をすることができます。その場合には、原因が太陽の熱であり、その結果金属が温められた、ということで説明がついてしまいます。日常生活の中にはそういったようなことはいくらでもあるわけですね。「どうしてこぶができたの」「ころんで柱に頭をぶつけたの」というような会話で因果関係は説明がついてしまいます。

ところがカルマ的な因果関係というのは、それとは全然違った因果関係です。例えば弓に矢をつがえて放ちますと、その矢は的の方に向かって飛んでいきます。矢がなぜ飛んでいったのかといえば、その弓の張力が矢を飛ばす力を矢に加えたからですが、その同じ弓が、何十回、何百回、何千回と、繰り返し繰り返し引き絞られていきますと、次第に張りが失われていきます。そうしますと同じ弓でも、何百回も何千回も使った後では、最初のときとはその在り方が違ってくるわけです。繰り返し繰り返し使われている間に、弓そのものの反発力に変化が生じたのです。そうしますと、カルマにやや似た因果関係をそこに見出すことができます。つまりカルマにおける因果関係は、原因と結果とが同一のものの中に現われてくる場合なのです。一方が太陽で、もう一方が金属であったら、それはカルマとは言えません。原因を起こす主体と、その結果を引き受ける主体とが同一でないと、カルマにならない、というのがカルマの定義の第一なのです。

次に、しかしその関係が同時に生じてしまったら、カルマとは言えません。ある特定の時間的な間隔を置いて、結果がそのものの中に生じてこないとカルマとは言えません。

第三に、その原因を起こす主体が意図してその原因を引き起こす場合も、カルマとは言えません。その場合にはその主体は結果を意識し、その結果を生じさせるために原因を作っているのですが、それではカルマとは言えないのです。

以上三つの条件が重なってきたときに、カルマが問題になってきます。

カルマ的体験

シュタイナーが挙げてくれた例をひとつ紹介しましょう。十八歳の若者が将来ある職業に就こうと思って一生懸命勉強していたと仮定します。例えば絵かきになろうと思って何年もデッサンを習っていたとか、あるいは東大を目指して受験勉強していたとかいうように、ともかく何かを目指して努力していたとします。ところが十八歳のときに、たまたまその人の環境に変化が起こって、例えば親の事業が失敗するとか、家庭に不幸が生じるとかして、今までやってきたことをあきらめて、生活の方向転換を強いられ、そして何か別の職業に就いたとします。そして二十三歳か二十四歳のころに、その若者の心の中に一種の倦怠感とか、自分に対する疎外感とか、あるいはなんらかの意味での社会に対する憤りとか、嫌悪感とか、そういう感情が生じてきたとします。そのような気分は、三十歳になって起こるか、二十歳のときに起こるか分かりませんが、一つの例として、十八歳のときに方向転換した人が二十三歳のときに、そういう種類の否定的な感情が自分の中に生まれてきたとします。そういう場合、その人は恐らく十三歳のころに非常に大きな運命的な体験を持っていた可能性がある、というのです。それは自分の中に内在するある能力の目覚めかもしれません。例えば突然自分の中には数学の能力がある、ということを意識するようになったり、あるいはゴッホの絵をたまたま展覧会で見て、非常に感動したりして、その少年が一種の浄福感を体験し、それがきっかけになって絵かきになろうと思ったり、数学者になろうと思ったり、あるいは教師になろうと思ったりしたのかもしれません。ところが十八歳になったときに、その方向で自分が将来働くことができなくなり、自分を押さえて、別な仕事に就いた、というような場合、二十三歳のころに、前述したような否定的な感情が生まれます。そして十八歳から数えて五年後にそういう自他に対する否定的な感情が生まれたとすると、十八歳の五年前に、十八歳のときの生活の張りになっていた感

図例3

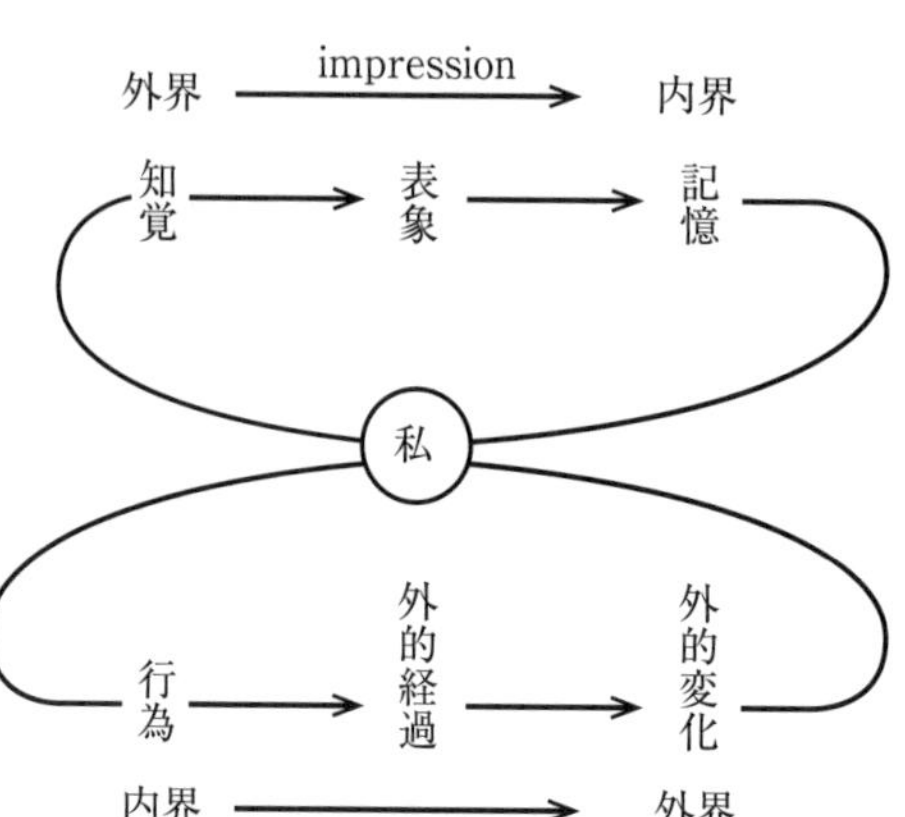

情の芽生えがあったはずであり、その五年と五年の十年間のプロセスこそ、典型的なカルマのプロセスを表わしているのだ、というのです。

あらゆる機会にわれわれは、そういった種類のカルマ的な体験を、一回限りのこの人生の中でもしているわけです。例えばある人物を非常な不幸に陥れてしまったというような体験をしたときにも、それに対する報いを、何年も後になって初めて受け取らなければならなくなってしまう場合がありますし、一つの決意が自分の中に育ったときに、自分がすっかりそれを忘れてしまったようなときに、その決意の成果が全然違った形で生じてくる場合もあります。ところがわれわれの日常生活においては、一年、二年の短い関連の中での因果関係なら見つけ出すことができますが、十年、二十年という大きな時間的間隔を置いて因果関係がカルマ的に生じるときには、めったにそれを意識しないでいます。けれどもそれを意識化することができれば、人生が非常に複雑な因果関係から成り立っており、その因果関係は多くの場合、カルマとしか呼びようのないような関係だということが分かってくるというのです。これがシュタイナーの一番基本的なカルマに対する考え方です。

このことを、『神智学』の考え方から説明いたしますと、右のような図式（図例3）が成り立ちます。

印象と表出

人生を営むわれわれの主体を自我とか「私」とかという言葉で表現することができるとしますと、その「私」は自分自身と周囲の環境とに対して、いつも二つの態度をとっています。第一に周囲の世界からさまざまな印象（インプレッション）を受け取ります。インプレッションを持つことが一つの基本的態度であるといえます。ところがもう一方でわれわれは、自分の内部にある何かを周囲に刻印づける働きもします。それを表出（エクスプレッション）と呼ぶとしますと、われわれはインプレッションとエクスプレッションの中で自然的、社会的な環境と自分との関係を作っている、と考えることができます。まだ生まれたての赤ちゃんのときはあらゆる印象をひたすら受け止めるだけにすぎませんが、だんだん、五感が発達し、自分の中にさまざまのイメージが蓄えられるにつれて、子供は自分の無意識的な本能を自分の母親や周囲のだれかに刻印づけることを始めます。そうしますと「私」は外なる世界に対して、一方ではインプレッションを持ち、他方ではエクスプレッションを行なうのです。そのインプレッションを分析してみると、それが三つの要素から成り立っていることに気がつきます。第一に、印象が知覚という形でわれわれの内部に入ってきます。知覚活動がその印象の最初に来ます。知覚がわれわれの内部に外からの印象を伝えますと、われわれはそれを再生産いたします。再生産する行為を普通われわれは表象といっています。第三に、そのような表象がわれわれの内部に記憶として刻印づけられるのです。ですから印象という行為は知覚に始まり、表象活動を通して、記憶として一つのプロセスを全うすることになります。

同じようにエクスプレッションを考えますと、エクスプレッションにも三つの段階が数えられます。知覚と同じような意味ではまず、広い意味での行為が始まります。泣くこと、水を飲むこと、壁に落書きすること、あるいは人との話し合いなど、どんな行為でもいいのですが、われわれが外部に自分自身の魂を表出するときに、行為がなされるのです。それがわれわれの第一のエクスプレッションです。それはちょうど知覚活動を通して、外の世界がわれわれの内部に流れ込むのと同じで、最初の出発点になります。第二にそれを通して外部の世界に一つの経過が生じます。適当な言葉がないので、仮に外的経過と名づけますと、ちょうどわれわれの内部で表象活動が行なわれるように、それによってわれわれの外の世界に、ある種のプロセスが生じるのです。それはしばしばほとんど目立たずに進行します。例えば呼吸をするとき、空気中の酸素が多少減って、炭酸ガスが増えるということも、外界に対する一つのプロセスを生じさせたことになるし、水を飲んだり、あるいは薪を燃やしたりするときも、そこに外的な経過が生じます。そうしますと、今までと違った変化を外の世界の中に生じさせたことになります。ちょうどわれわれの心の内部に記憶という刻印が押されるように。外部の世界内に一つの変化が刻印づけられるのです。ですからそれを外的変化と名づけますと、われわれのエクスプレッションは行為に始まり、外的経過をたどって、外的変化を生じさせることで終わります。

同一性の予感＝カルマ認識の第一歩

ところでこの二つのプロセス、一方のインプレッションともう一方のエクスプレッションとは実に深い相関関係にあるのです。なぜかというと、例えばエクスプレッションを通してわれわれが外界に働きかけ、それが外的な変化を生じさせたときに、その外的変化を受けたものが、今度はわれわれの知覚に働きかけて、われわれに新しい表象を生み出させるからです。そうしますとその結果、われわれの表象がわれわれの中に新しい記憶を生じさせ、その記憶によって新しく内的に変化したわれわれが、外界に向かって再び別な働きかけを行なうわけです。そうしますと、その別な行為によって、外界にまた別な外的経過が生じ、また新しい変化が作り出されます。そしてその生じた変化がまたわれわれの知覚に新しい印象を与えるわけです。そうしますとそれによってまたわれわれの内部に新しい表象が現われ、それが心の中に新しい記憶を刻印づけます。そうすると、また私自身に内的変化が起こり、それによってまた新しい行為が外界に加えられます。ちょうど無限を表わす∞字形のように絶えざる変化を外界と内界とに無限に呼び起こしているのがわれわれの人生なのです。

このインプレッションとエクスプレッションのプロセスは、ある意味では瞬間を持続化するプロセスであるとも言えます。知覚行為というのは瞬間的な行為なのですが、記憶痕（こん）跡（せき）として心の中に刻印づけられると、それは持続化されることになります。行為もまたある瞬間的な行為にすぎないかもしれませんが、外界に変化を生じさせれば、例えば松の木の枝を切りとってしまえば、その木の枝には永続的な痕跡がわれわれの行為の結果として記されるようになります。行為の結果生じた外的な変化も持続的になるのです。ですからこの全プロセスは瞬間的なものから持続への変化であるとも言えるわけですが、その変化は太古の昔から、恐らく何億年、何十億年の時間をかけて、現代まで繰り返されてきたのであり、現在の自然環境、社会環境はすべて、そのことの結果なのだ、と考えることができます。そのことを徹底的に考えていくと、われわれの内部に漠然とした形でも、いったいわれわれが外なる世界といっているものと、内なる世界といっているものとが本当に切り離されたものなのか、自分と他人、自己と他者とが、まったく対立するものなのか、自分と外なる世界とは、本当は同じ存在の両側面なのではないのか、私あっての他人、他人あっての私なのではないのか、太古の昔から無限に繰り返された内と外とのかかわりの中で、だれかが生まれ、同じその過程の中で私も生まれたのではないのか、原野の一本の草花と私とは実は兄弟なのではないか、あるいは空に浮かんでいる雲と私とは同じ存在の別々な表現形式にすぎないのではないのか、という種類の、予感とも思い出ともつかない感情が生まれてくるのです。シュタイナーはそういう種類の、他者と自己、客観と主観との同一性の予感を感じることが、カルマ認識の重要な一歩だ、と考えています。シュタイナー教育の一番重要な人間認識の観点はここにあるのです。シュタイナーは『神智学』の中で次のような指摘をしています。——われわれの記憶は、いつも意識化されているわけではない。記憶のほとんど大部分は、氷山の海面下の部分のように無意識の中に沈んでいる。われわれの意識はその記憶の中のごくほんの一部分だけを表面化しているにすぎない。しかし何かきっかけがありさえすれば、われわれの無意識の心の奥底から、ありとあらゆる記憶が意識の表面にまで浮かび上がってこようとして、そのきっかけを待っている。そのようなものがわれわれの記憶であるとすれば、同じようにわれわれが外界に刻印づけた「外的変化」も、つまりわれわれの行為の結果も、今はわれわれの周囲の世界の中に目に見えずに隠されているとしても、いつでもきっかけがありさえすればその人の方に近寄ろうと待っている、と考えることができないだろうか、というのです。

このようなことが可能性として存在するかどうかは感情の問題であって、理論的にそういうものがあると主張することは当然まだできませんけれども、自分の周囲の世界の中に、たとえ自分が意識しなくても、自分の前世、あるいは前々世、あるいは何万年、何十万年という過去に、自分が起こした行為の結果が刻印づけられていて、その刻印づけられた結果が何かきっかけがあったらその当人の方に近寄ろうとして待っているんだ、という考え方はわれわれにある種の重みをもって感じられるはずです。

例えば自分が、朝会社に出ようとしたのですが、たまたまそのとき雨になったので、傘を取りに戻って、また外に出たときに、バスの停留所かどこかで、たまたまだれかと出会ったのが運命的な出会いになってしまった、というような場合に、雨がそのような出会いのきっかけの一つと考えることができるわけです。あるいは傘を取りに戻ったために、外へ出かけるのがおくれ、そのおかげで自動車事故に遭わずにすんだとしたら、その一見偶然的な忘れ物もまたそのようなきっかけと考えられなくはありません。普通の考え方なら偶然としてしか説明できないようなものが、実はカルマ的な関連の中での、さっき言いました霊的因果関係の中での原因であり、結果であったという考え方を、『神智学』のカルマ論は示唆しているのです。

カルマの論理化

そこで今度は、そういったことをいったいどのような仕方で論理化できるのかが問題になってきます。その場合次のような考え方ができます。もし幾何学の証明のように、われわれの内部の既知の概念と、別の既知の概念とを結びつけることを「論理」というのだとしたら、カルマは絶対に論理化できません。しかしもし既知の概念ではなく未知の概念を思考作業を通して自分の中の既知の概念と結びつけ、その結びつきがわれわれの心を豊かにするか、それともその概念がもともと生命のない偽物にすぎなくて、心をひからびさせるだけでおわるか、ということを自分の心の内部で体験できたとしたら、それも一つの論理的なプロセスになります。カントは前者の場合を論証的思考による論理、後者の場合を直観的思考による論理として、区別しています。この第二の論理は想像力の論理、もしくは感情の論理であるということもできると思います。

カルマの問題を論理化しようとする場合に、もしわれわれが自分の内部にある既成の概念だけに頼って、つまり論証的に論理を組み立てようとすると、シュタイナーの言おうとしていることはそもそも論理にはなりえません。シュタイナー自身、よく言っていることですが、そもそも霊学が学問として成り立つためには、その霊学を志す者が、すでに自分の内部にある概念だけで判断しようとしてはならないのです。そうしている限り、霊的問題は絶対に学問、あるいは認識の対象にはなりえません。自分の内部に概念が成長していくプロセスは、自分をいったん無にして、自分の心を豊饒な土地に変え、そこに概念が花を開かせられるようにできたとき初めて、可能になるのです。そのとき初めて、そこに内的必然性の法則が見えてくるのです。カルマの論理化もそういう方向で考えられねばなりません。そのために必要なのは、自分の心の営みの中に、まず二つの種類の記憶を区別することです。

一方の記憶というのは表象あるいは概念と結びついた記憶です。例えばわれわれは約三歳のころから現在までのいろいろな経験内容を記憶表象として持っています。小学校の一年生のときに先生に立たされたときのことなどはいまだに生々しく思い出すことができます。あるいは幼いころよく見た怖いお化けの夢などもいまだに覚えています。そういう記憶表象をわれわれは持っています。

感情化された記憶

ところがシュタイナーはもう一つの、全然それとは別な記憶もある、と言うのです。それはどういう記憶かというと、感情のニュアンスを伴った記憶、いわば記憶感情、あるいは感情化された記憶とでもいえるような記憶です。例えば十年前の辛かったこと、感動したこと、大笑いしたこと、そういったことは感情の質、感情のエネルギーと結びついた記憶として残ります。ところがそういう種類の記憶は、おもしろいことに、「時が解決する」とか、「思い出はすべてを美化する」とかいう言葉があるように、時間が経つにつれて、だんだん薄れていき、生々しく再現することが表象よりもずっと難しいのです。われわれが一年前に行なった決意、毎日必ず日記をつけようとした決意とか、あるいはわれわれが十年前にある人物に対して持っていた愛情とか、そういう種類の感情は、時が経つにつれて変わっていきます。その感情は思い出そうと思っても思い出せないくらい変質してしまいます。ところが表象は客観的に固定されていますから、十年経っても二十年経っても結婚式の情景は同じように憶えていられます。一方結婚式のときに花嫁が持っていた花婿への感情は、案外十年も経つとどこかに消えてしまうことがありうるわけです。そういう意味では、決断（意志）とか感情とかは時間の中で変化しやすい記憶である、といえます。

この世をわれわれが肉体を背負って生きていくかぎり、表象の方が、持続的であり、一方感情や意志の働きは、うつろいやすいのです。お産のときに猛烈に苦しんだ人も、赤ちゃんができると、その苦しみを忘れてしまう、とよく言われますように、肉体的な苦しみも案外簡単に忘れられます。ただし非常に強く心に傷を受けたようなときはいつまでもそれが残ります。それは意識に残らなくても、無意識の中に入り込み、残り続けますけれども。

表象と感情、意志という二種類の記憶は、意識生活における場合と、無意識の生活における場合とでは、関係が逆になってくるのです。無意識の中で持続的に、いつまでも心の中に生き続けるのは感情の記憶や決意、意志の記憶なのです。そして無意識の中での表象や概念は、きれいに消えてしまいます。ところで人生はそのほぼ三分の一が無意識の中での生活です。要するに、眠ってから目が覚めるまでの睡眠中、われわれは無意識的な生活を送っているわけです。睡眠時間という人生の三分の一の中で生き生きとしている記憶は感情の方です。表象活動の方は、そこでは消えてしまっています。ところが、三分の二の覚醒時の生活においては、逆に表象生活の方がいつも目覚めていて、そして感情や意志の方はなかなか表面に現われてはきません。

無意識の世界のリアリティ

そこで、カルマを考えるときに、人生の三分の二に当たる、目覚めてから眠るまでの人生だけをわれわれの人生だと考えてしまうと、表象生活と人生そのものとをほとんど同一視してしまい、記憶も表象と同一視されてしまいます。しかしもっと深いところで、感情や決意や意志がより生き生きと人生そのものを支えているのです。ですから感情が非常に強くなってくると、その感情は無意識の奥の方にわだかまって、コンプレックスのような形をとったり、あるいは心的な外傷となってしまったりもします。この無意識の世界をどうしても、われわれはリアルなものと考えざるを得ないのです。この無意識の世界をリアルなものと考えると、われわれはカルマへの道にかなり近づくことになります。そしてそれと関連して、いろいろなことが分かってきます。例えば眠る前に、とても悲しい思いをして、泣き寝入りをしたとします。そのようなとき、次の日の朝、目が覚めた瞬間に、その悲しみの大部分は残っています。目覚めた瞬間の気分として、悲しみが残っています。また、寝る前に、必ず午前五時に起きよう、と思って、真剣にそう決心して寝ると、翌朝その時間に目が覚めることがあります。ですから眠る前に持っていた決意も、目が覚めた瞬間まで存続していたことが分かります。ところが寝る直前に、数学の方程式の問題や幾何学の証明問題、例えばピタゴラスの定理の証明をどれほど集中して考えながら寝たとしても、それが感情や意志と結びついていない限りは、目が覚めたときにその記憶をすぐによみがえらせることは難しいのです。全然それとは違った夢を見て、別のことを考えながら起きるのが常です。つまり、表象生活は、意識の働いている部分では持続的なのですが、例えば眠ることで、いったん無意識の中に入ってしまった場合には、とても無力なのです。感情のエネルギーは無意識においても持続します。

そうしますと、次に出てくる問題は、いったいこの世に生まれてから死ぬまでの三分の二の時間である意識生活が、いまの関連からいって、唯一のリアリティを持った生活ではないとすると、ことによったら死んだ後でも、あるいは生まれる以前にも、無意識のリアリティの方は依然として存在し続けているのではないか、ということです。それが可能性の問題として出てきます。なぜなら死んだ後、人生が無になるというのは、意識が無になるということであって、その後、永遠に夢のない眠りを眠るのではないのかもしれないからです。眠っているときにも感情や意志が強烈に働いているのだとすると、意識や表象は消えるかもしれないけれども、意志や感情は死んだ後でも残るかもしれません。そうなりますと、もうカルマの問題にかなり近いところまで来ていることになります。

もちろん現代の科学は今私が言いましたところまではとうに到達しています。例えばフロイトやユングは、無意識の世界がリアルなものだということを、いろんな仕方で証明しています。そして、無意識の世界に由来するわれわれの肉体の疾患は「心因性の病気」といわれています。肉体だけからでは、どうしてもその病気の原因が分からないような場合、心の中にその病気の原因があって、それが肉体に影響していることもある、とフロイトもユングも強調しています。そしてそのことを首尾一貫して考えると、心の世界がリアルな世界であって、心という非物質的世界のエネルギーが肉体という物質的なエネルギーに転換する、と考えないわけにいかなくなってきます。そう考えないと、病気の原因が説明できないのです。そこで医学の場合にも、心のエネルギーが物質のエネルギーに転換する際の、その転換装置が何か、その装置がどう機能するのか、を解明しようとするところまで来ているのです。それで、「サイコソマティック」、つまり心と身体の相関性が今問題になっています。ですから心のエネルギーが物質のエネルギーに変化する場合を考えるところまでは、すでに今日の学問は来ています。しかしさらにもっと先へ進まないと、霊学の問題、特に輪廻転生の問題を扱うことにはなりません。さらに進んで、その心的エネルギーが個性を持った人格として、肉体を離れたあとでも、肉体に依存することなく存在し続け、そして再び新しい時代状況の中で新しい肉体に受肉する可能性が、今問われているのです。

無意識の思想と輪廻転生

それでは肉体に依存しない心（精神）の存在が感情と意志の働きとして、無意識の領域に認められる、という事実はフロイトやユングの時代になって初めて発見されたのかというと、そうではなく、古代ギリシアの時代以来、人間の心の深層に固有の生の営みが存在することは、中世にも、ルネッサンスにも、バロックや啓蒙思潮の時代にも、ドイツ古典主義＝ロマン主義、あるいはフランスの近代主義にも知られた事実でした。ゲーテは『ファウスト』第二部の中でそのような深層を「母たちの国」と名づけていますし、それを受けて、同じ時代のドレスデンの医者で、心理学者だったカールスはその著『魂』の中で学問的に無意識の領域を探求しています。そもそも魂の深層に降りていこうというのは、浪漫主義の時代には最も心をそそる問題の一つでした。そしてこの問題は浪漫主義の時代に限らず、古代から近代に至るまで、一貫して精神史の底流として流れている神秘学の基本問題の一つだったのです。自然科学が支配的になった学問的状況の中でも、ショーペンハウアーは「意志」の概念を通して「無意識」に一つの哲学的な表現を与えようと努力していますし、エドゥアルト・フォン・ハルトマンの「無意識の哲学」になりますと、はっきりとわれわれの意識生活が無意識によって規定されている、と論じているのです。そしてそういう伝統的な「無意識の哲学」は、大抵の場合、輪廻転生の思想と結びついていたのです。「無意識」という精神の暗い側面とは正反対の方向に向かっているように見える「啓蒙主義」の時代にも、神秘学に対する感受性を持った思想家、例えばレッシングは『人類の教育』という有名な論文の中で、輪廻転生の意味を論じています。

彼は教育と文化とは同じ概念を表わす言葉であり、神の啓示と人類の教育とも同じことを意味していると述べ、そういう論旨の中で、教育の内容が時代によって変わってくることの意味を強調します。例えば、古代における神の啓示とキリストの啓示と、それから現代における聖霊の啓示とは異なる内容を表わしているが、そのことを真剣に受け止めれば、古代の人間がそれ以後の、中世の啓示、近代の啓示、あるいは紀元後三千年、四千年の未来の啓示を受けることなく、一回限りの古代人の人生で済ませられるはずはない、というのです。もしも文化が人類の教育であり、そしてその教育が時代とともに大きく変化するのだったら、同じ人間が輪廻転生を繰り返しながら、古代から中世、中世から近世へと新しい時代にふさわしく、自分の経験を蓄積することができたとき初めて、人類の進化が、一人一人の個人の問題として、考えられる。もしも進化の問題を、個人の問題としてではなく、集合的な「人類」の問題にしてしまうなら、個人の尊厳も、一人の人間が生きることの意味も理解できなくなる、という考え方をレッシングはしているのです。

こういう考え方はレッシングだけのものではありません。カントも同じ考え方をしています。カントは晩年、東洋の地理を論じた講義の中で、——これは有名なインド学者のヘルムート・フォン・グラーゼナップがケーニヒスベルクでカントの遺稿を調べているときに発見した講義録に出ているのですが——人間が地上に一回しか生まれてこないという考え方は仮説としては支持し難い、と言っているのです。人間存在の真の在り方を真剣に追求する一方で、モラルを考え、人間の叡智というものを考えるならば、人間は生まれ変わる、という発想にいたらざるを得ない、というのです。そういうことはゲーテも言っているし、ノヴァーリスも言っています。そしてもちろんインドに興味を持ったヨーロッパ人は、それだからこそインドに興味を持ったわけです。前にも触れたように、音楽家のリヒャルト・ワーグナーは晩年、楽劇「パルジファル」を完成した後、仏陀の生涯を「勝利者」と題して、輪廻転生を音と言葉で表現しようとしました。そのとき彼が考えたのは、一人の個性を表わすモチーフは音楽という時間の流れの中で、変化し、メタモルフォーゼを遂げながら、しかも同じモチーフとして繰り返して現われてくることができる。その音の流れは輪廻転生の内的必然性を一番よく表現できる、ということでした。例えば第一幕「紀元前一千年」第二幕「紀元一千年」というようなオペラをつくれば、それによって実に説得力のあるカルマ論が音楽的に展開ができる、というのです。つまり前世と現世と来世にわたるオペラを構想したのです。無意識の思想を考えると、そういう輪廻転生の考え方が当然のことに思われてくるのです。もしもそれをナンセンスだとして否定するなら、逆にそういう人の感情生活が非常に浅いものだと言わざるを得ないのです。感情の非常に深い部分にまで眼を向けるなら、自分の予感や思い出が、一回限りの人生からはみ出てしまうと思わざるを得ないところまで行ってしまいます。

カルマをどのように見るか

そこで輪廻転生の問題が人生にとって切実な問題となったときに、シュタイナーは生まれ変わることを次のように意味づけています。――よくわれわれは、生まれ変わりの思想を考えるときに、自分はなんとなく人を使うのが上手だから、前世はきっと権力者だったのではないかとか、自分はフランス革命時代の闘士だったのではないか、なぜなら自分はよく夢にギロチンにかかるところを見る、とかいったような考え方をします。けれどもそれではカルマの問題は体験できない、というのです。自分がとても音楽の才能があるから、前世は有名な音楽家だったのではないか、という考え方は逆で、前世に偉大な音楽家だった人が生まれ変わったときは音痴になっている可能性の方が大きい、とシュタイナーは言っています。もちろん偉大な音楽的才能のあった人が二十代で死んでしまった場合に、生まれ変わって、再び音楽家として活躍することもありえます。しかし音楽家として大成した人の能力は必ず別な能力になって生まれてきます。才能がメタモルフォーゼを遂げず、常に同じ分野の能力に限定されていたら、再び生まれてくることの意味がないから、というのです。

ですから自分のカルマを知る具体的な手がかりは、今自分が置かれている状況の正反対の状況を考えることなのです。自分の前世を理解するには、何十年もそのような努力を繰り返すことが必要になります。突然の悟りのような仕方で自分の前世が見えるということはまずない、と考えなければいけないのです。ですから自分の前世を見るためには、いったい自分の過去にどういうことがあったのか、を尋ねる必要があります。この点について、シュタイナーが詳しく語っている一節がありますので、それを紹介しておこうと思います。それは一九一二年の一月二十三日の講演の中の一節です。〝どのようにしてカルマを見ることができるか〟という問いをシュタイナーは珍しく自分から出し、そしてその具体的な見方を書いている部分です。

カルマをどのようにして見ることができるのか、そのような観察ができるようになるには、内的体験を自分の中で深めていかなければなりませんが、それは決して容易なことではありません。けれども、だからこそ、それはどんな人にでも行なうことができるような種類の努力なのです。まずそのための第一歩として、通常の仕方の自己認識を少しやってみる必要があります。それは自分の人生をかえりみて、次のように問いかけるところから始まります。いったい私はどんな人間だったのか、私は内省的な傾向の強い人間だったのか、それともむしろ外界のさまざまな刺激を好み、人生の何かをすぐに好き嫌いの観点から判断するようなタイプの人間だったのか。私は学校で読書を好み、そして逆に計算は不得意だったか、自分は相手からそうされることが嫌いなくせに、相手を平気でいじめたりするような子供だったか、それともいつも他の子供たちにいじめられて、しくしく泣いているような子供だったか。このような仕方で人生を振り返るのです。

ここのところでシュタイナーが何を問題にしているかといいますと、まず幼いころの自分を振り返ってみる必要がある、というのです。そうすると、今の私と、七、八歳ころの私とは違うわけです。今はかなり社交的になり、外向的になって、よく人と話し合ったりするのに、子供のころはとてもはにかみ屋で、人と話してもすぐに顔が赤くなってしまった、ということを思い出すとします。そのようなごく日常的な自己認識から始める必要があるというわけです。

このような仕方で人生を振り返るのです。特に次のように問うことが大事です。私はどんな素質をもっていただろうか。自分の知的な能力においても、情緒的な在り方においても、意志的態度においても。何が私にとって容易だったのか、何が私にとって困難だったのか。できたらそこから逃げたかったような体験を今までしたことがあっただろうか。もしできたらそこから逃げたかったような運命の体験を自分は持たざるを得なかっただろうか。あるいはこうなることはよかったことだったと自分で納得できるような、そういう出来事が自分の過去にあっただろうか。そういうふうに問いかける必要があると言っています。

そのようにして自分の人生をかえりみることは、自分の霊的な、あるいは魂的な存在の核心を、自分の魂や霊の一番中心になる部分を、これまで以上に親しく知るのに役に立ちます。とりわけ人が本来あまり好んで望まなかったような事柄を、できるだけ心の中に思い浮かべるのです。

シュタイナーのカルマ論

これはどういうことかというと、自分で思い出しても思い出すことが嫌になることがいっぱいあります。そういう思い出すことが嫌になるようなことをあらためて思い出す必要があるというのです。そうすると、どんな嫌なことでも、嫌な思い出は時が経つうちに、その感情はだんだん薄れてきて客観的になりますから、いつかはちょうど映画や芝居やテレビドラマの中の嫌な場面を見るのと同じように、客観的に見えてきます。だからかなり自分の心の傷になっていることでも思い出せると、シュタイナーは言うのです。例えば、自分はできたら詩人になりたかったのに、父親が無理に自分を親の仕事、職人としての親の仕事に就かせてしまった。自分は今は職人だ。けれども本当だったら自分は詩人として過ごしたかった、というようなことを、あらためて生き生きと思い起こします。

そのようにして、本来自分は何になりたかったのか。しかし自分の本来のそのような意志に反して、今の自分は何になっているか、ということを明らかにするのです。今私の言ったことは過去の生活に関することです。未来に関することではありません。間違えないでください。つまり根本的に言えば、過去を振り返って、自分が望まなかったこと、そこから逃げたかったことが何であったかをはっきりさせるのです。このことをはっきりさせたら、次いで、人生の中で自分にとって最も気に入らなかった事柄についてのイメージをもつのです。過去の自分の人生の中で、一番気に入らなかった事柄をはっきりさせるということ、まさにこのことが大事なのです。そして非常に突飛な感じをもつかもしれませんが、次のような考えに没頭することが必要です。自分が本来望みも願いもしなかった事柄、そして自分の今までの人生の中で生起していた事柄を、すべて一生懸命になって望み、そして願うのです。私が今まで願わなかったこと、気にくわないとして片づけてしまったことを、もしも私が今激しく望んだとしたら、あるいは過去において私が一生懸命望んだとしたら、今の私はいったいどうなっていたであろうか。あるいはこれからの私はどうなるのだろうか。そう考えるのです。

そのような場合、既に克服できているような事柄はすべて排除しなければなりません。大切なのは今まで自分が望まなかったこと、あるいは自分の願望を成就させなかった事柄を、あたかも熱心に望んでいるかのように考える、ということです。そのようにして感情と思考との中にひとつの存在をつくり出すのです。

ここのところがシュタイナーのカルマ論の一番決定的な部分です。恐らく今まで、こういう形でのカルマ論がこういう具体的な「行」として出されたことは、私の知っている限りではあまりなかったのではないか、と思いますが、ここで述べられている大事な点は何かというと、自分の内部に欠けている部分があります。例えば私が絵が好きで音楽が嫌いだったとしたら、音楽が自分の中の欠けた部分です。

カルマ認識の方法

特に、人間関係が基本にあるわけですが、人間関係の中で、自分に特定の好みがあります。その好みに従って今まで人間を選り分けていたとしますと、シュタイナーの言おうとしていることは、それとは正反対の態度をとったらどうなるか、ということなのです。正反対の態度というのは、自分にとって無関心な態度というわけではありません。例えば私にとって船乗りになることは仮にどうでもいいことだとすると、そのような場合に船乗りになることを一生懸命念じろ、と言っているのではなく、むしろ、自分にとってとても気になることであって、しかも実現できなかったこと、苦手ではあっても、気になること、そういうことが、仮に幾つもあるとしますと、その一つ一つを一生懸命考えてみる必要があるというのです。絵が嫌いなのに、絵に対してある種のこだわりがあったとしたら、自分が絵かきになったらどうだったろうか、自分が十年かけて夢中で絵を描いたときの自分はどうなっているだろうか、そういう種類のことを考えるのです。そのようにして自分の内部に、もう一人の自分を作り上げます。自分の中に生じてくるその第二の人間は、いわば今の自分とは正反対の存在であり、その姿にはいろいろな矛盾も含まれているように見えるでしょうけれども、それがだんだん形を整えて、生き生きとした人間像にまで結晶化できたとしますと、この第二の人間が、その人の前世の姿を最もよく映し出している、というのです。これがシュタイナーのカルマ認識の方法です。第二の人間をそのような仕方で自分の内部に生み出す作業は非常に難しいことですが、しかし例えば小説家や画家が自分の作品の中でそういう人物像を描く場合を考えることができます。一般に芸術家は無意識にそういう種類のことを絶えず行なっているのかもしれません。しかしカルマを考え、自分の前世の姿を知ろうとするのなら、霊能者のところに行って聞くことよりも、今言った地道なプロセスをたどることの方が自己教育のためには役立つというのです。本書の冒頭のシュタイナーの言葉にあるように、教育がすべて自己教育であるとすれば、そもそもこのカルマとの出会いこそ、教育の中の教育である、ということもできます。そしてこの意味での自己教育はもう一つ次のような修行とも関連してきます。これはシュタイナーの行法についての主著『いかにして超感覚的世界の認識を獲得するか』に出てくる行ですから、お読みになった方もいると思いますが、あの本の冒頭に畏敬(いけい)という感情が、どんなに魂のエネルギーを充実させる源泉になるか、ということが書かれています。モラルの問題として畏敬の感情を育てるのではなく、魂に養分を与えようとするのなら、畏敬の感情を持つことが不可欠である、とまず書いてあり、そしてその次に内的平静に基づく思考と感情の結びつきの問題を述べた後で、最初のオカルト的な行を取り上げていますが、その部分で植物の生長を見る行が出てくるのです。この箇所はうっかりすると、何気なく読み続けてしまうかもしれませんが、この行は、少しでもそれを自分の問題として考えると、恐ろしいくらい力のある行であることに気づかされます。それは本当に秘儀を公開している部分であるといえます。なぜそうなのかといいますと、そこにははっきりとは述べられていませんが、体験を通して、植物の生長力とわれわれ自身の魂の快の感情、喜びの感情とが同質のものだということが理解できるようになる方法が開示されているのです。

シュタイナー教育の根本

花が開くところを見るときに、自分の心の中で喜びの感情をそれと結びつけるように求めていますが、そのことを通して、植物の生長する生命のプロセスと、われわれの一見主観的な喜びの感情とが、宇宙的な観点からいえば、同じエネルギーに由来すること、そのことを体験することが、カルマの非常に重要な意味を明らかにするというのです。そのことが少しでも分かると、教育者は保育園や幼稚園で自分が基本的に浄福感、人生への共感をもって子供の前に立つのと、心の中に一種の否定的な感情、いらいらとか不幸な感情とか、せっぱつまった感情とかをもって子供の前に立つのとでは、たとえ自分が表面にその感情を全然現わさなくても、子供に対する教育的な働きかけがまったく異なってくる、ということが分かるようになるのです。ですからシュタイナー幼稚園やシュタイナー小学校では、先生は教室に入る前にメディテーションをして、自分の否定的な感情は全部、いったん外に置いて（「廊下の帽子掛けに帽子を掛けるような仕方で」といいます）、教室の中に入ることを義務づけているのです。それは子供の前でどういう態度をとるのか、ということではありません。もっと基本的に、自分自身の魂を、メディテーションを通して、浄福感で満たせるようになってから教室に行くか行かないかの問題です。ですから何でもないような言葉、「喜びが私の心を満たす」という言葉でいいのです。それを教室に入る前に五分間、言霊（ことだま）の力を通して自分の内部に生かすのです。そして自分の魂をその言葉と一つにして、喜びの感情が自分の魂を満たしている状態を集中的に表象するのです。そうしてから教室に入るのと、そういうことを全然しないで、ただ自分の意志の力で自分の否定的な感情を抑えて教室に入るのとでは、子供の肉体の成長力にまったく違った影響を与える、ということがシュタイナー教育の基本なのです。それはシュタイナーの今例に挙げました植物の行からもおのずと体得されるものであって、シュタイナー教育が方法論ではないというのはそういうことなのです。いくら言葉の上で「模倣の原理」とか、「感覚教育」とか言っても、シュタイナー教育をオカルティズムの根底の上に自分の内部で築いていいかないなら、シュタイナー教育にならないのです。この教育が教育者の魂の在り方にかかわってくる教育だからです。

エーテル的な力

先ほど述べた、人間の感情の喜びが大宇宙の生命的なエネルギーに直結しているということをもう少し掘り下げてみますと、前に外的世界と内的世界について触れましたが、外的な世界、外界にも二つの面があります。われわれの日常生活の中で出会う外の世界は、外界の一つの側面にすぎません。その裏側にはエネルギーの世界があります。表面は物質の世界ですが、その裏側はエネルギーの世界です。そしてそのエネルギーの世界には、シュタイナーがエーテル的な力と名づけた生命形成力、あるいは生命形態のメタモルフォーゼを可能にする有機的な力が流れているのです。そのような有機的な力が流れていませんと、植物、動物の世界だけでなく、鉱物界においてさえも、例えば水晶が結晶したり、酸素と水素が化合して、水ができたりはしないと考えるのです。あるいはそもそも重力の法則が働くこともなくなると考えるのです。エーテル的な力が背後になかったら、宇宙はカオスの状態にもどってしまい、無数のチリがただばらばらに浮かび漂っているだけになる、とシュタイナーは考えています。そこに引力の法則や相対性原理や熱力学の法則などが組み込まれたのは、そういう法則をつき動かしている生命形成力が背後に働いているからであって、そのエネルギーのことをシュタイナーはエーテル的な力と名づけたのです。同様にわれわれの肉体も表側は肉体なのですが、裏側はエーテル体です。そしてわれわれの感情の働きは身体の裏側にあるこの生命的なエネルギーと直結しています。ですから、もしわれわれが自分の感情の働きを、意識的にせよ、無意識的にせよ、外の世界へ向けますと、それは外なるエーテルの流れの中に、一つの刻印を、先ほど言いました「外的変化」という刻印を押す結果になると考えるのです。そして外界のこのエネルギーの流れ、シュタイナーはそれを「アカシャ」（仏教でいう「空」）と呼んでいますが、そのアカシャの中につけられた、私なら私という人格の刻印は、われわれが再びこの世に生まれてきますと、その私に対する親和力を持った存在としてまた再び私のところへ戻ってこようとしているというのが、シュタイナーのカルマの法則についての考え方の基本になっているのです。

以上、カルマをめぐって、いろいろな観点から述べてきましたが、シュタイナーは教育を考えるときにも、修行を問題にするときにも、同じように、われわれを途上にあるものとして捉えています。そしてその歩く道筋をたどるときに、シュタイナーは決して超能力者と非超能力者というような種類の差別をするのではなく、すべて同じ道の問題を考えます。その道は同時に認識の道でもあります。ですからその道は納得のできる論理的な構造を持っています。私たちの誰もが歩いているこの道の構造の解明こそ、シュタイナー自身が一生かけてやってきたことです。そしてシュタイナーは自分がもしもっと生き長らえることができたとしたら、全ての認識の努力を輪廻転生とカルマの問題に集中することになっただろうと言っていました。このことを最後に付け加えて、以上の内容のしめくくりとさせていただきたいと思います。

あとがき

大学紛争から十五年たった現在、教育の危機は高校から中学、小学校、さらには幼稚園にまで及んでいる。現代のあらゆる社会問題の中でもっとも深刻な問題が教育問題であることを、われわれは意識するようになっている。その教育問題の中でもっとも深刻な問題は教員養成の問題である、とルドルフ・シュタイナーはすでに一九一九年の頃に考えていた。しかしそれから六十五年たった現在でも、教師は労働組合の一員としての自覚をうながされる一方で、教師であることが聖なる職につくことから、呪われた職につくことへますます変りつつあると気づかされている。そういう情況の中で、さまざまな教育改革の試みが、大抵は教育制度の改革の試みとして繰り返されてきた。そして次第に一つ方向づけが与えられ、教師も親も子供もその眼に見えぬ巨大な流れに抗しきれずにいる。

国際的な規模で展開している「学校の産業化」の方向づけについて、『自由への教育』（国際ヴァルドルフ学校連盟編）は次のように述べている。――

「一九五〇年代の初めに、アメリカ合衆国の社会学者たちはひとつの考え方を持つようになりました。その考え方は今日では次第に一般にも普及するようになっています。おそらく今後、学校だけでなく、全人類に、それは深い影響を及ぼすことになるでしょう。つまり、彼らは教育を単に消費とみなすだけではなく、経済生活の拡大に貢献する投資とみなすようになったのです（トリステン・フーセン著『80年代のための学校』）。大学に教育経済という科目がまもなく新設されました。大学は知識の生産者であり、学校はその分配者であるという授業に対する新しい見方が生じました。アメリカの学者フリッツ・マックラップは数年前、〈知識産業（研究と学校）は、現在アメリカにおいて、他の産業のほぼ二倍の速さで拡大しつつある〉と述べました。しかし次のように言うことも可能です。もしそこで生産される商品が、毎年、定価表（成績表）をつけられて卒業していく生徒たちであるなら、その場合、学校もまた生産者であることができるのだ、と。

大きな世界的破局がおこりさえしなければ、先進工業国における発展は次のように進められていくでしょう。――機械がますます大規模な形で人間の活動にとってかわり、工場労働者の数は減少し、事務職の数が増加します。理論的知識による職業生活がますます必要になり、ますます自由になります。そして、研究の成果も急上昇します。人口はいよいよ増加し、あらゆる生活領域について知りたいという要求はますます高まります。これらの事柄はすべて〈爆発的な教育熱〉をさらに進ませるのに大いに寄与することでしょう。

そして、教育熱は人間社会の生活のすべてに刻印を押すことになっていきます。なぜなら、今後教育を受けることと知識とは、現在よりもさらに高い度合いで、地位の象徴となるでしょうから。

私たちはすでにこの〈爆発〉の真只中にいるのです。一九五〇年から一九六五年の間に、全日制の授業を行なう世界の教育施設は、過去一〇〇〇年の期間とほぼ同数の生徒を受け入れてきました。

中央集権的に管理された学校制度をもつ国々の諸官庁は、目まいを起こすほどの課題を背負わされています。全体の発展をあらかじめ予測して、望ましい方向にむけて舵をとらなければなりません。プロジェクトの作成、研究、教員養成、校舎建設に伴う仕事は、それだけですでに多額の出費を要する調査を必要としますし、そのために委任された公務員や専門家の数も急激にふやさなければなりません。

学校制度を、あたかも合理化の機が熟した生産部門のように考察することは、この窮地におかれた人にとっては、ひとつの有力な助けを意味するように思えるでしょう。今日、教育論議の中心テーマとなっている授業方法は、一貫してこうした産業化の観点から論じられているように思われます。それは本来の〈製造機械〉を、より有効なものにすることを意図しているかのようです」

ルドルフ・シュタイナー（一八六一－一九二五年）が一九一九年に創設した「自由ヴァルドルフ学校」並びにその教育思想はこのような方向をたどりつつある今日の学校教育全体の中で、ますます大きな存在理由をもってきたと思う。シュタイナーは晩年、「ドイツのシュタイナー学校は、百校にまで増えたら、大きな社会的影響力をもつようになるだろう」と語ったそうである。ドイツのシュタイナー学校は一九七五年にはまだ四十二校を数えるにすぎなかったが、一九八三年には八十校に急増した。現在世界のシュタイナー学校は全部で三百校、オランダだけで四十六校、スイスに二十四校、USAに四十三校ある（ペーター・ブリュッゲ『人智学者たち』一九八四年、ロヴォルト・シュピーゲル叢書による）。すでにその社会的影響は全世界に及びはじめた。日本でも、シュタイナー学校こそまだ存在していないが、シュタイナー教育を実践している幼稚園はいくつもあるし、個々にシュタイナー教育を授業にとりいれている小学校、中学校、高校の先生は、私の関係している集まりの中でもかなりの数になるほどである。

シュタイナー教育の社会的意味は、ひとりひとりの人間がどんなにかけがえのない、貴重な存在であるかを、教育を通して実感できるようにすることにある。シュタイナー教育は人間存在の深い謎にまで眼を向け、生きるための確かな支えとはげましとを、教師にも生徒にも与えてくれる。だからたとえば新しく生まれてくる幼い魂に対しても、周囲のおとなたちが、地上での先輩として、「よくやってきたね」という歓迎の気持ちをこめて迎えることのできる人間観を教えてくれる。

本書はそのようなシュタイナー教育という「性善説による教育」の根底にあって、この教育を可能にしている考え方を、できるだけ納得できるような仕方で表現することに努めた。どんな教育制度の下でも、制度のよしあしにかかわりなく、子供たちのためにしてあげられる教育実践の基本が本書のテーマである。この基本からはずれていれば、たとえシュタイナー学校の中でもシュタイナー教育は生かされないであろうし、この基本にあっていれば、たとえ予備校の中でもシュタイナー教育は可能だと思う。

本書を読まれたあとで、幼稚園から高校までの授業内容に関して、さらに詳細を知りたいと思われる読者には、先に引用した、

1　『自由への教育』（国際ヴァルドルフ学校連盟編　創林社）と、

2　E・グルネリウス『七歳までの人間教育』（創林社）並びに、

3　『授業からの脱皮』（ベルリン自由教育連盟編　晩成書房）をまず推薦しておきたい。

シュタイナーの神秘学そのものに関心をもたれた読者には、

4　R・シュタイナー『神智学――超感覚的世界の認識と人間の本質への導き』（イザラ書房）

5　R・シュタイナー『いかにして超感覚的世界の認識を獲得するか』（イザラ書房）

をあげておきたい。この二冊はシュタイナー学校の教師資格をとるためにも必読書になっている。

本書は『神秘学講義』の続篇として書かれた。前書同様、講義録のスタイルをとっているが、実際、本書は一九八一年から八三年にかけて行なわれた講演内容にかなり大幅な手を加えて作成された。第三章「魂の教育」は一九八三年四月、東京国立（くにたち）の桐朋学園小学校の研修誌「はもれび」第十七号に掲載されたものに若干手を加えて収録させていただいた。

最後に、本書の作成に当たってお世話になった角川書店編集部の中西千明さんと高取利尚さんに心からお礼を申しあげたい。

一九八四年五月二十八日

高橋　巖

増補

シュタイナー神秘学と芸術

いま土田邦彦先生から紹介していただきました高橋巖です。いつもですと、先程紹介してくだすった朝日カルチャーセンターの教室の中で、必ず同じ床の上で、シュタイナーの勉強をしているのに、今こういうホールで皆さんと向かい合っていると、かなり高い舞台の上にいるので、遠くの方の人はよく見えませんし、勝手が違って何となく話しづらいですね。講義という感じよりも講演という感じになりそうなので、気をつけてできるだけ具体的に、私たちの共通の問題に即した形にしたいと思います。

持ち時間は一時間半ということですけれども、同じ部屋に一緒に顔を合わせたわけですから、この機会を有効に利用するために、もし疑問がありましたら、疑問ではなくても、もし話の内容について皆さんの方からの感想がありましたら、最後に質疑応答という形で話し合いたいと思います。それではよろしくお願いします。

「アントロポソフィア美術展」の作品を、先程拝見しました。いつも顔を合わせている友人たちの姿が、いつもとは違い、芸術作品という形で、眼の前に次々と現われてくると、何とも言えない興奮と、驚きがあり、時間が経つのを忘れてしまい、いつまでもその世界に浸っていたいような気がしてきます。芸術作品が持っている、今日の大きな社会的意義というのは、やはり、そういう作品を通しての人間的な出会いを、私たちの日常的な生活空間の中で――言葉を通して――人間関係を創っていくのとは全然違った仕方で持つことができるという点にあると思うのです。私たちは共通に、ルドルフ・シュタイナーという、約百年前のドイツの思想家に関心を持ち、その思想の持っている願い、あるいは時代に対する訴えを、現代の日本の中で受け止め、それに応えようとしています。そういう課題を共通に担っているので、この会場で、シュタイナーの芸術、あるいは現在の私たちの生活における思想と芸術との関係、そういうことを一緒に考える機会を持つことも大事だと思っています。

それでは最初に、シュタイナーの芸術についての一般的な考え方から話を始めて、具体的な芸術の各分野についての問題点、それから私たち自身の生活と芸術との関係という方向で話を進めていきたいと思います。

問題はどういうところから始まるかと言いますと、「ロゴス」が出発点になるような気がします。「はじめにロゴスありき」というのは、聖書のヨハネ福音書冒頭の一節ですけれども、そのロゴスは、普通、「ことば」と訳され、この箇所は「はじめにことばありき」と訳されています。この「ことば」の意味は、ルドルフ・シュタイナーのような、いわゆる西洋神秘学の観点から言いますと、私たちが普通用いている場合の「ことば」とはかなり意味が違っています。私たちが「ことば」と言う場合には、音声によって発せられた意味内容を言うわけですけれども、音声によって発せられた意味内容だけでなく、もっと広く、この世に存在するすべてのものの中に込められた意味内容をも「ロゴス」という言葉で表現するのです。それが神秘学上の「ロゴス」の概念なのです。

　私たちが大自然の営みと言っている風や水や星々、月や太陽、あるいはまた石や木や動物たち、そういう周囲のすべてのものの一つ一つは、自分で自分を音声によって表現することができません。けれども言葉の発せられない存在物一つ一つの中には、元来、神からの「ことば」が込められています。この世に存在する、あるいは宇宙に存在するどんなものにも、一定の意味内容が込められています。そしてその意味内容を、私たち人間があらためてその存在物の中から読み取ろうとするときに、そこに「ことば」の問題が、あるいは「ことば」との出会いが生じるのです。広い意味でのそういうロゴス＝ことばは、決して簡単に読み取ることのできるものではなく、たいていの場合は謎めいたある表情を持って存在しています。レオナルド・ダ・ヴィンチのモナリザの微笑のように、それぞれ意味あり気に浮かべているその謎めいた表情の中から、私たちがその本質的な意味内容を取り出そうとするときに、それをロゴスと言うのです。このロゴスを、シュタイナーのような人は、すでに太古の時代から人間が失なってしまっている、と考えています。太古の時代には、ロゴスは、現在よりも、もっともっと生き生きと、私たちの眼の前に存在し、そして、その表情を通して、存在の意味をはっきりとさせていました。

けれども、現在の私たちは自分の眼の前にさまざまな存在物が無数にいるのにもかかわらず、そこから個々の表情をはっきりと読み取ることができないでいます。その表情の謎が解けないでいるのです。現代は自然科学でも、精神科学でも、周囲の世界に対する科学的な認識が非常に深いところまで進んでいます。それにもかかわらず、存在物のひとつひとつの表情に込められている意味内容を、決して私たちは本当に解いてはいないのです。なぜ解くことができないでいるのかというと、ルドルフ・シュタイナーによれば、太古の時代には、科学と宗教と芸術が神殿の秘儀の中ではひとつになっていたのに、時代が下り、現在になってしまいますと、宗教も芸術も科学も、それぞれ固有の独立した分野を確立していて、共通の問題をお互いに持ち合うことができず、科学は科学的に、宗教は宗教的に、芸術は芸術的に対象を扱うために、本来のロゴスが読み取れなくなってしまったからなのです。失われた太古の文化の一番大きな叡智であったロゴス、つまり科学、芸術、宗教の共通の営みの中で初めて現われてくるロゴスをどのようにしたら今再び私たちの手に取り戻すことができるのか、という課題が、まず、シュタイナーの芸術を考えるときの出発点になっています。

そこで、その問題を具体的に考えようとすると、大きく二つの側面に分かれます。二つの全く異なった観点から、この問題に関わっていくことになります。その二つの観点というのは、第一に、失われたロゴスを今再び取り戻さなければならないとしたら、なぜ、太古の時代にそれがあって、今、それが無くなってしまったのか。今、それが無くなってしまったのなら、その間の大きな時の流れはいったい何だったのか。つまり歴史的な観点がそのひとつです。もうひとつは、そういう歴史的な展開の中で、シュタイナーに限らず、神秘学という学問が、いったいこの問題を具体的にどのように解こうとしているのか。つまり神秘学の方法の問題です。

それでまず最初の歴史の問題を考えますと、シュタイナーは人類の歴史の流れを大きく三つに分け、現在はその三番目の時代に属している、と考えています。最初の時代というのは、非常に古い、今から数千年以上前までの文化の時代です。第二の時代は、紀元前一〇〇〇年前後から紀元十四、五世紀までの約二千年間、それから第三が、現在の文化の時代以後ということになります。

シュタイナーはそれについていろいろなことを言っています。たとえば、音楽の問題でそのことを考えますと、第一の太古の時代というのは、音程で言うと、七度が一番基本になっているような、そういう時代だったと言うのです。時代を大きく区分するとき、シュタイナーはいつでも、その中で生きている人間の意識の在り方、心のあり様を基本にして考えているので、第一の太古の時代というのは、太古の意識を担った人々の時代とも言えるわけです。その人々の意識は、音楽で言うと、七度の音程で表現されるような世界だと言うのです。

一年ぐらい前に、ベーゼさんという、西ベルリンで治療音楽を教えている先生が日本に来られました。そのときの講習会に出てみましたが、ベーゼさんはひとつひとつの音程をみんなで一緒に体験させてくれたのです。まず一度（同じ音）、二度、三度（三度は短三度と長三度）、それから四度、五度、六度というふうに、合唱で音を出しました。そこに参加していた人を二つのグループに分け、一方が基音をいつも響かせ、もう一方がだんだん、その基音から、二度、三度、四度、五度、六度というふうに高く音を出していくのです。そして七度になったときに、そこにいた人は、みんな独特な体験をしたわけです。ご承知の通り、七度のインターヴァルというのは、一番の不協和音を響かせます。ピアノでドとシを一度に鳴らしますと、何とも言えない、濁った、いやな音を感じさせられます。

けれども、合唱で、根音と七度高い音とを、両方同時に響かせたとき、何とも言えない、一種の、身体から魂が引き裂かれるような体験を、皆が感じたのです。それは不快な体験というよりも、一種の不安を感じさせられるような異様な体験で、何かその中に永く留まっていたくないような、早くそこから抜け出したくなるような感じだったのです。

シュタイナーによると、その体験は、時代が遡れば遡るほど、人々にとって違った感じで受け取られ、そして最初に言いました太古の文化期の人たちは、その七度の音を聞くと、肉体から魂が離れて、いわば脱魂の状態を持つようになった、と言うのです。太古の時代には、七度の音を聞くことは、宗教を持つことに等しいので、その音を聞くたびに、人々は、いわばシャーマンが脱魂状態になって、いろいろ霊語を語るときのように、みんな別の世界、非現実的あるいは超現実的な世界に魂が移されてしまうような体験を持った、と言うのです。これが「第一の時代」のひとつの特徴でした。言い換えますと、その時代は夢の世界が現実の日常世界よりも、もっと生き生きとしていた時代であったとも言えるわけです。おそらく当時の人々は、今の私たちよりも、もっとずっとリアルに、感情的なエネルギーの込められた夢を見ており、その夢から受けた啓示を、非常に大事にしていたものと思います。実際に、古代の文献を見ていますと、時代が古ければ古いほど、夢のお告げや夢の体験が、日常の体験以上に大きな意味を持っているように、神話も文学作品も、あるいは宗教聖典も述べています。そういう、私たちの意識が、論理的、合理的な思考内容よりも、夢の中で体験できるヴィジョンをより真実のものと感じていたような時代のことを、シュタイナーは「最初の文化期」、あるいは「最初の歴史時代」と考えていました。

その後、ヨーロッパで言いますと、古代ギリシアの文化が始まった紀元前八世紀、七世紀の頃から、イタリア・ルネッサンスのような近世初頭の文化にいたるまで、また音楽のインターヴァルで言いますと、今度は五度の音程に特別の結び付きを感じるような、そういう人間の意識の育った時代になったと言うのです。今でも私たちが五度のインターヴァルを聴いてみますと、そこに、薄気味の悪さとか、あるいは空虚さ、実体のない音の響き、それでいて決して不快ではなく、ある種の安定した静けさのようなものを持っていながら、そこに実体の込められていない何か幽霊じみた世界のようなものを感じます。たとえば、バイオリンの調弦をするときには、バイオリンは低い方から、G、D、A、E、というふうに、五度の音程でだんだん高くなっていきますから、それを調弦するときには、五度の音を始終聴くことになります。中世、あるいは古代ギリシア・ローマ人たちは、その五度の音を聴くときに、私たちのような空虚な響きではなくて、この世に自分が存在していながら、そして感覚を通してこの世の現実世界に足を踏みしめて立っていながら、同時にこの世界の外に、もうひとつ別の世界があって、今、自分がその二つの境界に立っている。この世もひとつの現実だけれども、もうひとつ、第二の現実ともいう世界が別のところにある――そういう体験を、五度の音を通して持つことができた、とシュタイナーは述べています。地上の物質的な世界が唯一の世界ではない。自分たちはかつてのように、直接脱魂状態を通しては体験できないけれども、しかし予感のようなものとして、憧れのようなものとして、もうひとつの世界があるということを、どうしても感じないわけにはいかない――そういう気分を五度の音が呼び起こした、と言うのです。そして、そういうもうひとつの現実を一方に踏まえながら、この世の現実を生きようとする文化を、シュタイナーは古代ギリシアから中世の終わりの頃までの人々の基本的な気分と考えていたわけです。

ところが、十五世紀、十六世紀になってきますと、ご承知の通り、造形芸術の分野では、遠近法が非常に人々の関心を引くようになってきました。特に線遠近法と言われている、つまり目から遠くの方へ向かって平行線を引くときには、その平行線は、一番遠いところで、一点に収斂(しゅうれん)し、そして消えてしまいます。同じ平行線なら、どの線もその一点に行って消えてしまいます。そういう形で奥行きを表現する線遠近法は、十五世紀の頃の初期イタリア・ルネッサンスの画家たちにとっては大変な啓示のようなものだったのです。それと同じ時期に、音楽の方でも、三度の音程が、初めて人間の感情生活を細かく表現する一番基本的な音程として意識されるようになってきます。三度は、先程言いましたように、短三度と長三度の二つに分かれます。そして五度の音程が空虚な音に感じられれば感じられるほど、その空虚な五度の音程の間に、三度の音を加えることで、初めて充実した響きを、しかも明るい響きと暗く悲しい響きとを聞き分けることができるようになったのです。それがこの時代の意識を端的に表現していて、そういうことが人々にとっての基本的に重要な芸術体験になってくるにつれて、新しい第三の時代を生きる人たちは、この世の現実だけがただひとつの現実で、一旦その現実の中に生まれ落ちたら、それ以外のどこにも第二の現実は、たとえどんな宇宙の果てまで旅をしても、存在しない、と感じるようになったのです。三度の音程、それは同時に、ひとつのメロディーの始まりと終わりをはっきりさせることにもなります。五度の音程を中心とした五音階でメロディーを作る場合には、たとえば、ピアノの黒鍵だけでメロディーを作るように、いつ始めても、いつ終わってもおかしくないような、言い換えると、始めもなければ終わりもないようなメロディーの流れになっています。短三度、長三度が基本になりますと、今度は、どこから始まり、どこで終わるかが重要な芸術体験になります。最後の終わりの場所には、カデンツ、終止形というものがちゃんと用意されます。そして不協和音が終止形の中で解決されると、もうそれで終わりで、音の流れはもうそれ以上行きようがないような、ひとつの完結した音楽空間が創り上げられるのです。ちょうど線遠近法で構成された三次元的な画面の中の登場人物が全く別の世界との結び付きなしに、いわばこの世の現実の中に閉じ込められた人間として存在しているようにです。一旦、この世の現実だけが唯一の現実であると意識されるようになりますと、それと共に、今度は一人一人の人間が自分自身の内部に、かつての第二の現実に当たるような、もうひとつの世界を創ります。そして客観と主観とを区別して、主観の世界を充実させることで、自分の宇宙的な孤独感から解放されようとします。

このようにして、人間の意識は、容易に地上の世界から別な世界に移ることができた太古の夢幻的意識と、それからこの地上の現実にはっきり足を踏みしめて生きていながら、もうひとつの世界を予感として持つことのできた霊的、物質的な共同社会の時代と、第三にこの世にしか人生が存在しないという意識で生きるようになった時代とを経過して、今に至りました。シュタイナーは第三の、物質空間の中にのみ現実を認めるような時代の芸術に特別の意味を見出そうとしたのです。その芸術はイタリア・ルネッサンスと共に始まり、十六世紀の後半になると別な方向に移っていき、十七世紀になると、さらにいわゆるバロック様式を生み出します。つまり、イタリア・ルネッサンスと同じ形式世界の中に留まりながら、その芸術は何か別な表現を求めるようになってきます。イタリア・ルネッサンスでは、この地上の世界が唯一の世界で、そこにすべての調和もあれば美もあるという体験を改めて具体的に表現しました。当時の芸術家にはそのような現世肯定の中に心から浸りきっているような感じがありました。百年経ったバロックになると、この世の現実だけでは何か息苦しいものを感じ始めて、また再び地上の現実とは違う現実を求めようとし始めるのです。しかし超地上的な世界を求めても、それらしいものが求められないときには、自分の心の内になる主観の世界を脹らませて、たとえばそれを信仰の世界と呼んだり、あるいは美の世界と呼んだり、あるいは愛の世界と呼んだりして、主観と客観の二つの世界を同時に体験しようとします。つまり、二つの焦点を持った世界をこの世に生み出そうとすることになるにしたがって、二つの焦点を持った楕円的な、あるいは両極的な構成を、イタリア・ルネッサンスと同じ形式を使いながら、バロックが様式として生み出すのです。ところが一方は客観、他方は主観のこの二つの世界は、先程申し上げましたように、この地上の物質空間に閉じ込められて存在しているので、何とかそこから抜け出して、太古の人間のような開かれた境地に達し得ないものか、と暗中模索するうちに、今度は魔術とかドラッグとか儀式とか、あるいはシュタイナーが問題にしていた神秘学とかを通して、再び太古の意識に通じる突破口を開くようになってくると、時代はすでに十八世紀、十九世紀、二十世紀に移ってくるわけです。

この第三の時代の中で、シュタイナーが特に重要視していたのは何かと言いますと――これは現在の私たちの教育の問題とも直結していることなのですけれども――、この地上の現実の中で、全くの宇宙の孤児として、孤独に生きるようになった人間の、その孤独を、積極的に肯定するところから、新しい文化を始めようとする姿勢です。

実は、イタリア・ルネッサンスやバロックの時代でも、あるいはロココ時代と言われている十八世紀や自然科学万能の十九世紀になっても、人々は依然として、生活感情においては、先程言いました二番目の、ギリシア・ローマから中世までの時代を引きずっていた、とシュタイナーは言っています。それはどういうところに現われてくるかと言うと、人々が生活するときに、自分の外に、ある種の権威を認め、それを価値の基準にして、それに一生懸命関わっていこうとする態度、それによって自分を肯定しようとする態度になって現われてくるのです。そういう生き方を、第三の時代になっても、人々は続けようとしている、とシュタイナーは言うのです。例えば社会道徳というものがありますと、それがみんな共通に持たなければいけないルールになります。たとえば最大多数の最大幸福、多数決の原理、そういうものがありますと、それが第三の時代のルールとなって人々の心を支配し始めます。そのルールは、一人一人の外に存在しています。ある人がそのルールに従って生きようとしますと、自分の外にある権威なり、みんなが肯定できる基準なりで、自分をいつも測っていくことになります。このような生き方は、中世や古代ギリシア・ローマの時代には当然のことでした。個人は自分の内部に確信を与えてくれるような基準を見出すことができなかったからです。たとえばキリスト教の教会は、人々の外にあるひとつの権威でした。その教会に一人一人が帰属することで、一人だけでは耐えられないような生活の不安とか、生活上の指針とかをそこから受け取ることができました。あるいはローマ帝国の皇帝は、神と同じように偉大な存在なので、その皇帝の言う通りにしていさえすれば、安心して生きていけたのです。それが第二の時代の社会のルールでした。

しかし第三の時代になってきますと、自分自身だけが頼りになってきます。外に何か自分よりも偉大なものの基準を見出そうとしても、その基準が本当に自分にとってかけがえのないものなのか、あるいは本当に普遍妥当的なものなのか、それが本当に一生を賭けるに値するものなのか、その辺がどうも曖昧になってくるのです。そしてそこに価値の基準を求めようとしても、その価値の基準がいつ変わってしまうか分からなくなります。そしてどこにもすがりつくものが見出せなくなってしまうような事態が始終起こってきます。

たとえば日本で言いますと、第二次大戦の終わり頃までの私たちの生活の基準というのは、やはり私たち一人一人の外側にある皇国とか、あるいは八紘一宇(はっこういちう)の精神とかというい ろいろな理想でした。それが外から与えられており、それに従って生きれば、日本の忠な る一国民ということで肯定されていたわけです。けれども一旦、その価値基準が全部とっ ぱらわれ、全然違った価値の基準が、今度はアメリカから与えられますと、第二の文化期的な生活ができる人は、すぐに、さっと、新しく外からきた基準に自分を当てはめること ができるかもしれませんが、自分自身にとっての真実をもう少し大事にしようとする人に なると、そう簡単に新しい基準に自分を従わせることができません。そういったことが始 終起こってくる時代が、シュタイナーの言う第三の時代の特徴なのです。

その時代は十五、六世紀から始まり、二十世紀の現在になってくると、外に基準を求め ようとする生き方は、十八世紀、十九世紀の頃に比べて、問題にならないくらい不確かな ものになってしまいます。二十世紀の人間は、一人一人が自分の中に普遍的な価値の基準 を、あるいはかけがえのない何かを見出せませんと、本当には生きていけません。すべて の人が一匹狼みたいになって、自分自身の中に確かなよりどころをつくり出そうと努力し ないと、いつ変わるとも知れぬ時代の状況に対応することができなくなってしまうので す。そして実際、今の時代の若い人は、外から何も教えられなくても、そういう一種の時 代意識のようなものを生まれつきすでに身に付けていますから、大人、たとえば小学校や中学校の先生や親が、その子供に外から枠をはめようとすると、その枠に対して本能的に抵抗を示そうとします。そういう時代が第三の時代です。

シュタイナーはギリシア・ローマから中世の末期までの文化を担っていた魂を、悟性魂と名付けています。「悟性」というのは、カントが悟性とか理性とか言うときの悟性です。つまり私たちの知的な判断力の働きです。そしてその悟性の働きを担っている魂を、悟性魂と言います。その悟性魂の働きが、外にある種の権威を求めるのです。たとえば悟性が生み出した数学の定理や三段論法のような形式論理は、一人一人の人間の内的要求から見ると、やはり外にある枠であって、それに自分を従わせることができれば、悟性の文化が創られるのですが、その悟性の文化では自分を納得させることができない、それだけでは自分の生きがいが感じられない、ということになると、すでに第三の文化の意識になる、とシュタイナーは言うのです。彼はそのような意識を担った魂を、意識魂と言っています。

意識魂の時代になりますと、悟性によって生み出された文化の中ではもはや満足できなくなって、仮にどんな道のないところでも、自分で道をつけながら歩いた方が生きがいを感じる、というような魂が時代をリードするようになってくるのです。意識魂の文化は、シュタイナーによれば、十五世紀の頃から始まります。たとえばミケランジェロのような人の生涯の中には、悟性魂ではなく、意識魂の働きが、ひとつの内的な衝動として非常に強く現われています。レオナルドの中にも、悟性魂と同じくらいに意識魂があるようです。そしてバロックの時代になりますと、その傾向は一層強くなります。たとえばレンブラントという画家の一生には、もう悟性魂ではなく、もっぱら意識魂によって自分の芸術を生み出そうとする衝動が非常に強く現われています。ですから、レンブラントは、それまでの画家とは全然違います。それまでの画家は、宮廷なり、教会なりのお抱えの絵描きとして、生活を安定させていたのですけれども、レンブラントは、全く孤独な一人の人間として生活しながら、絵を売って暮らしたのです。ですからレンブラントの書簡集が出ていますけれども、読んでみますと、そこには大したことは書かれていなくて、注文主に対する絵の値段の交渉ばかり出てきます。もう少し高く買ってくれとか、いつまでにぜひ払ってくれとか、それはレンブラントが金銭にうるさかったからではなく、全く独立して生きるために必要だったからなのです。今までの画家のような安定した生活ができないで、そういうことさえも彼は自分で引き受けなければならなかったのです。

十八世紀から十九世紀にかけて、今度は音楽の世界でもそういう人が出てきます。ハイドンやモーツァルトまでは、まだお抱えの音楽家でしたが、ベートーヴェンになると、レンブラントと同じように、全く孤立した一個の意識魂の芸術家として生き始めます。そのために彼もまた悪戦苦闘し続けなければならなくなります。

そういう時代の文化を、シュタイナーは、「意識魂の文化」と名付けました。意識魂の人は道のない道を、自分で道をつけながら歩いて行くので、判断の基準を外のどこにも見出すことができません。自分の内部に微かに点（とも）っている小さな一点の炎だけを頼りに歩いて行きます。ところがそういう道を辿るとき初めて、意識魂の人は生きているという確かな実感を持つことができるのです。このような意識魂の人たちは二十世紀の現在でも、決して多数派に成り得ないので、いまだにそういう人たちは、それぞれの世界の中で悪戦苦闘しながら、独立した、もくしは孤立した生き方をしています。そしてシュタイナーはそういう人たちの中からこそ、本当の第三の文化が生まれると考え、その人たちが生きる上での武器となり得るような認識論、価値観を提出しようとしました。それが人智学の出発点です。

ですから人智学の祖先を訪ねていきますと、たとえばワーグナーであったり、ベートーヴェンであったり、レンブラントであったり、ミケランジェロであったり、レオナルドであったりするわけです。中でもシュタイナーが最も意識魂の文化を綜合的に生み出した人と考えていたのが、他ならぬドイツの文豪ゲーテでした。ゲーテの文学作品、たとえば初期の『若きウェルテルの悩み』や『シュテラ』や『原（ウル）ファウスト』、あるいは『ヴィルヘルム・マイスターの修行時代』から晩年の『ファウスト』の第二部までを辿っていきますと、そこにはそれまでのどんな他の芸術作品も及ばぬくらい色鮮やかに、ひとつの意識魂の生き方というものが見事に描き出されています。しかもそこには、悟性魂のところから始まり、悪戦苦闘しながら一歩一歩、意識魂だけで生きようとするようになるまでの人生の困難なプロセスが示されています。ゲーテという人は、若い頃ライプツィッヒの大学で法律や自然科学の勉強をしましたが、大変な病気になってしまい、その後シュトラースブルグの大学で学問をもう一度やり始めます。その若きゲーテが『ファウスト』の第一部を書き始めまして、そして悟性が生み出す文化――それを主人公のファウストは、書斎の場でのモノローグの中で、「哲学、法律、医学、それどころか神学までも」と述べています――、その哲学や法学や医学や神学を一生懸命学んでも、それらはみんな自分の悟性魂だけを満足させるもので、自分の本当の内的欲求を満たしてはくれない、という魂の苦悩を描いています。なぜならそれはみんな、外にある権威に自分を従わせようとする学問だったからです。しかし自分の内部に芽生えてくるこの衝動はいったい何なのか、それをいったい何が満たしてくれるのか。ファウストはそう自分に問いかけるのです。そして自殺するくらい苦悩を重ねた末に、初めてファウストは、全く道のない道を歩む決心を固めて、魔術という非日常的な世界に関わっていきます。それが、『ファウスト』第一部の内容になります。その後このドラマは、第二部の終わりまで、一貫して意識魂だけで生きる人間の魂の内面を描いています。

そこでもう一度初めに復りまして、科学と芸術と宗教がひとつであったときに初めて体験できた太古の「ロゴス」を、いったいこのような意識魂が、いかにして再び自分のものにすることができるのか、という課題を考えようと思います。そういう課題と取り組んだときに、シュタイナーが考えたのは、生命をつかさどるエーテル体の存在でした。

エーテル体というのは聞き慣れない言葉ですが、シュタイナーに言わせますと、私たち人間というのは、決して肉体だけの存在ではなくて、生命をつかさどるエーテル体というもうひとつの身体が、肉体に浸透しているのです。エーテル体のその働きがあるからこそ、私たちは生きることができ、意志を担うことができ、そして病気を治すことができ、そして記憶を蓄えることができる、と言うのです。ヨーロッパの神秘学ではエーテル体、あるいは生命体という呼び方をしていますが、東洋にももちろんエーテル体に対する呼び名が非常に古くからありまして、それを「気」と言っています。「元気」、「病気」、「気が入る」、「気が抜ける」、「気に入る」、「気に入らない」の「気」です。そのような「気の流れ」と言われているものが、シュタイナーの言うエーテル体です。エーテル体という概念は、シュタイナーが初めて取り上げたのではありません。どんな時代にも、エーテル体の存在については誰かが語っています。太古から来た叡智の、最も深い叡智の秘密のひとつとなっています。ですから錬金術師、たとえばパラケルススもエーテル体のことを語っています。古代ギリシア人はもちろんエーテル体のことをよく知っていましたし、古代エジプト人もエーテル体、つまり「Ka」（カー）のことをよく知っていました。シュタイナーはこのエーテル体こそこれからの文化を創造する上で決定的な意味を持つ、と考えていました。

エーテル体を芸術との関連で申しますと、私たちが昼間、感覚を通していろいろな体験をするとき、たとえば大自然の光や色を眼で体験するとき、その体験した内容はエーテル体のエネルギーとなって、身体の中に蓄えられることになります。そして夜、疲れて眠りますと、エーテル体に蓄えられたそのエネルギーが、眼の部分から、ちょうど二つの太陽のような両眼から、微光を放つ青白い光のようなものになり、身体全体を貫き流れているような感じになります。同じように、私たちが昼間、音楽を体験したとき、たとえばバッハの音楽を演奏したり、鑑賞したりしますと、夜、眠った後でそのバッハの音楽の流れが、そのメロディーやリズムやハーモニーが、その人間の耳のところから、エーテル体の流れとなって身体全体に流れ始め、目が醒めるまで、ひとつの内なるエーテル的音楽が響き続けるようになります。同じように、私たちが人と出会い、そしてある種の温かい人間関係を抱いて夜眠りますと、その温かい人間関係が与えたエーテル体のエネルギーが、熱となって身体全体を満たしてくれます。ところが昼間は、私たちの意志の働きが感覚器官に働きかけ、感覚器官の中のエーテル体の力を外に向けます。だからこそ感覚器官がさまざまな事物を認識することができるのだ、と言うのです。しかし夜眠ると、その同じエーテル体の力が宇宙の生命形成力と結びついて、今度は内部の私たちの存在全体を満たすのです。そして私たちの自我も私たちの感情も、つまり私たちの魂もそのエーテル体の流れに浸り、そして次の日再び活動できるエネルギーを宇宙のエーテル的な音響や色彩や光の中から取り出すことができるのです。

そういうエーテル体の働きを体験として持つだけでなく、それをさらに調和した、そして生き生きとした力強いものにしていくことができるようになりますと、本当の意味での意識魂を支える内的な地盤を創ったことになるのです。おそらくこれがひとつの新しい文化の芽生えにもなっていくはずなのです。

そのときに、もし私たちの芸術的な諸体験を悟性魂で分析したり、解釈したり、あるいは悟性魂の領域に取り込んでしまったりすれば、意識魂のエネルギーはその分だけ奪われてしまいます。意識魂は、悟性魂との共同作用の中で、悟性魂のエネルギーを自分の中に流し込むことができていると思っていても、実際は自分の在り方を悟性魂のために奉仕している場合が多いのです。そうなると、本来の役割を果たすことができなくなってしまうのです。ここのところに、シュタイナーの時代に対する姿勢がよく現われています。私たちが大学で学ぶことのできる心理学も教育学も哲学も、あるいは文芸学や美術史や美学のような直接芸術と学問の結び付いた分野でも、依然として悟性魂で研究しようとする傾向が強いのです。ですからそういう中で意識魂が無自覚なままに生きようとすると、意識魂は悟性魂に奉仕させられ、エネルギーを奪われてしまうことになります。大学のアカデミックな世界というのは、それ自身は非常に大きな役割を果たしているにもかかわらず、新しいアカデミズムを確立するまでは、無意識にその中に浸って生きていると、自分の意識魂が自分の悟性魂によってその力を奪われる結果になってしまいます。同じことは大学ばかりではなく、高校、中学、小学校、あるいは幼稚園の場合でさえも言えるのです。将来大人になったときに、新しい文化を生み出すための能力を持って生まれてきた人が、十代までの間に意識魂の力を悟性魂のために奉仕させられるような教育を受け続けますと、社会に出たときに、自分の悟性魂には信頼が置けても、自分の意識魂に対しては何か不確かな、自信のない態度しか取れない、という感じになります。いかにして悟性魂の教育と並行して、またはそれ以上に意識魂を育てる教育が可能か、ということがいわゆるシュタイナー教育にとっての一番大きな課題になるわけです。

これが「自由への教育」という意味です。今言いましたことを芸術の問題だけに限って、さらに考えていきますと、芸術体験の中から、意識魂を豊かにするような要素を取り出すことが基本的な内的欲求になるはずですが、この内的欲求は非常に強いので、今の時代は芸術による自由な生活への無意識的な大きな憧れを持っているのです。学問の世界は悟性魂を満足させることができますが、意識魂を満足させることはできません。その代わり芸術の世界が意識魂を満足させてくれるような大きなエネルギーを与えてくれるのです。以上のような考え方に立つので、シュタイナーの神秘学はいつでもエーテル体と、そしてエーテル体の上に創りあげられた芸術とを出発点にしています。

自分の内部のエーテル体の働きの中に、特に夜眠ってから目が覚めるまでの間に、大きな宇宙的な芸術体験がいつでも存在しているのです。ただ私たちはそれを無意識的にしか体験できないために、それが存在していることを知らないで毎日暮しています。もしこのエーテル的な芸術体験を意識化できたら、これまでのどんな偉大な芸術作品を体験することよりも、はるかに大きな美的感動をそこから汲み取ることができたでしょう。けれどもこのエーテル的芸術体験は、睡眠時の無意識の中での体験なのです。

覚醒時における私たちの美的体験が深ければ深いほど、眠っているときの魂はより豊かになりますし、その人が目が覚めたときに、その魂は意識魂を十分発揮できるような、外的規範から独立した内なる力が持てるようになります。これが、シュタイナーの芸術観を考える上での一番基本的で、一番大事な部分なのです。

それではそもそもエーテル体に基づく私たちの芸術体験はいったいどうしたら深められるのでしょうか。このことが初めに言いました二つの中の第二の問題点になってくるわけです。つまり方法論の問題ですね。この点についてシュタイナーは非常にユニークなことをいろいろと述べています。それをできるだけ具体的に辿ってみると、おそらくこういうことをシュタイナーは言いたかったのではないかと思います。そのことをこれから申し上げようと思います。

まず、私たちがエーテル体そのものを強めようと思うなら、私たちの運動感覚を幼いときから育てていかなければなりません。運動を基本にした教育とはどういうことかと言うと、たとえば幼児が四歳、五歳の頃に、家の中をぐるぐる駆け回ったり、飛び回ったりしている態度の中に、未来の意識魂の、あるいは未来の芸術運動の始まりを見ようとするのです。小学校に入った子供は自分の筋肉運動を意識的に体験し始めます。たとえば文字の書き方を学ぶ時も、運動感覚が意識化されます。お習字で「一」の字や「十」の字をできるだけ力強く書くときに、手が筋肉を通して運動するだけではなくて、首もそれにつれて、たとえば左から右へ動きますし、それと同時に眼球もまた左から右へ動きます。その動きはすべて意識的な運動体験となります。このことはあらゆる場合について言えることです。たとえば画用紙にできるだけ正確に直線や円を線描で引きますと、その体験は、その子供のエーテル体の中にひとつの力となって蓄えられていくのです。このことがシュタイナー教育の中では、いわゆるフォルメン線描として積極的に取り上げられています。それは小学校一年から高学年まで、線描を繰り返して練習する中で、その線を通して自分のエーテル体の動きを意識的に体験するのです。そういうことを「フォルメン線描」の時間の中で学ぶのです。

それから、オイリュトミーは幼稚園児から大人まで、誰にもできるようなひとつの運動芸術ですけれども、そこでは幼い子も大人も老人も、同じように体を動かしながら、その動きの中で調和した運動体験をエーテル体のために行なうのです。そういうすべてはエーテル体のエネルギーを蓄えるために役立つのです。シュタイナーの思想ではこのことが非常に重要視されています。それは「行」としても実践されています。その実践の結果出てくるものは、大きな喜びの体験です。

シュタイナーの弟子で治療教育の大家であったカール・ケーニヒ博士は――治療教育についての著書の中で述べているのですが――、私たちの喜びの体験の本質を知ろうと思ったら、運動体験の意味を知らなければいけない、と言っています。たとえば私たちが登山に出かけて、苦労して頂上に辿り着いたときに、山頂で体験する喜びは、目的を達成したこと以上に、苦心惨胆して辿ってきた苦労が今報われて、今自分がその苦労から解放されたという意識からきている、ある困難や苦しみから解放され、自由になったことの結果、喜びが生じる、とケーニヒ博士は言っています。別の例で言えば、自分が疲れて家に帰り、玄関のドアの前に立ったとき、鍵がなかなか見つからないで、さんざん捜し回った末に、やっとポケットの片隅にその鍵があったというようなときに、ほっとして一瞬喜びが味わえるとしたら、それはさんざん汗をかいて捜し回っていたことから自分が解放されたことの喜びなのだ、と言うのです。ところが一般の心理学ですと、喜びをそうは説明しないで、ある目標に到達できたときとか、願望が満たされたときとか、そういうときに喜びが生じる、と説明しています。シュタイナーの治療教育の観点からすると、ある状況から自由になったこと、解脱できたことを喜びの本質と考えます。したがってシュタイナーは運動と喜びを結び付けているのです。そして、私たちが喜びを体験することができればできるほど、私たちのエーテル体の中にエネルギーが蓄えられていくので、喜びこそがいわば意識魂文化の一番大切な拠り所だと考えます。

ドイツの詩人シラーも、ベートーヴェンも、意識魂の文化のために、意識的にせよ無意識的にせよ、最も大きな土台造りの仕事をやってくれた人ですけれども、そのシラーもベートーヴェンも、自分の究極の芸術体験を信仰告白的に表現しようとしたとき、共に喜びでそれを表現したのです。ベートーヴェンの第九交響曲の最終楽章は「喜びへの賛歌」ですが、その「喜びへの賛歌」の歌詞は、シラーの若いときの詩によるもので、それをベートーヴェンは壮大な合唱曲に創り上げました。喜びの体験を持つためには、いつでも運動が基礎にならなければいけない、というシュタイナー＝ケーニヒの考え方をできるだけ徹底すると、治療の基であるエーテル体教育の方向が自ずから見えてきます。今の若い世代はこの問題に対して非常に敏感なので、運動体験が与えられない教育環境ですと、喜びが体験できない、と感じます。

ですから、狭い教室空間に閉じ込められている子供は、どうしようもなく運動の方に極端に駆り立てられていきます。たとえば音楽でも、運動体験をできるだけ強く体験させてくれるリズム、激しい動きを伴うダンス、あるいはスポーツ、果ては暴走族のオートバイみたいなものまで、運動を通して体験することのできる喜びをどこかで見つけようとするのです。それは意識魂的な魂にとっては、どうしても欠くことの出来ない内的な衝動なのです。

そういう形での運動体験の基本である運動感覚を育てていく中で、私たちは次々に新しい芸術と関わっていきます。それは創作（創造）する側にも鑑賞する側にも言えます。鑑賞というところから言いますと、私たちの周囲の世界は私たちに、あらゆる機会を通して語りかけています。

まず建築を例に取ってみましょう。建築空間は私たちのエーテル体、あるいは私たちの意識魂にとって何を意味するのか、と考えてみますと、私たちの意識魂が自分の肉体から自分を自由にして、限りない宇宙空間を思考するとき、その宇宙空間の果てしない彼方への道筋を教えてくれるのが建築なのです。私たちが死ぬと、肉体が失われますけれども、魂は全く孤独に、むき出しの魂だけで、物質空間から外に向かって拡がっていこうとします。その肉体から離れたむき出しの魂に、宇宙への旅を教えてくれるのが建築空間なのです。実際、建築の歴史を振り返ってみると、大きなモニュメンタルな建築は、たいていの場合、最初は墳墓の建築です。代表的な例はピラミッドですが、ピラミッドのようなモニュメンタルな建築空間は、死者の魂が肉体から脱して、果てしない宇宙の彼方へ旅立つときの、その旅のプロセスを現わしているのです。ピラミッドには虚空間としての三角錐が逆立ちして、その下の実空間としての石の巨大なピラミッドと接しています。つまりピラミッドの稜線を上方へ延ばしていきますと、頂点の所で交差して、また左右に空の方に向かって目に見えない線が拡がっていくのです。その目に見えない、天空に向かって拡がっていく稜線がピラミッドの目に見えないフォルムになっている、と神秘学は考えています。墳墓建築だけでなく、その後のさまざまな神殿建築の中でも、建築空間の中に身を置いて周囲の空間を眺めるとき、自分の魂が肉体から離れ、外に向かって拡がっていくときの道筋が、たとえばゴシックの真っ直ぐに上昇する巨大な稜線の中で、バロックの複雑に変化する曲線のうねりの中で体験できます。そこには何か果てしない、目に見えない、あるいは霊的な故郷への憧れと言いますか、郷愁のようなものを感じることができます。そして、それが建築による運動感覚の表現なのです。

それと非常に関連がありながら、全く違うのは私たちの衣装です。同じように私たちは原始時代から、たとえば入れ墨によって、あるいは頭飾りや衣装によって、自分のむき出しの体を包もうとするわけですが、それは全く違った形での建築空間の現われであるとも言えます。建築は、死後の人間の魂がむき出しになって、果てしない宇宙への旅に出るときの、未知なる故郷への郷愁の現われだとすると、衣装は、自分の最も内的な核心である自我が肉体の表面に自分の本質を現わそうとする、自己表現だと言えます。それが入れ墨であったり、衣装であったり、さまざまな装身具であったりするのです。ですから一方の極に建築芸術が存在し、他方の極に衣装芸術が存在する、とも言えます。その両方が人間に自分と宇宙との、あるいは自分と周囲の空間との関わりを体験させてくれるのです。そしてこのような意味で、建築や衣装を体験するとき、再び私たちは自分のエーテル体に対する力付けをそこから得ることができるのです。

それから彫刻についても、建築と同じように、宇宙的な関連を考えることができます。シュタイナーは彫刻が基本的には人体表現を追求する芸術だと考えていますが、その人体の持っている宇宙的な意味をも彫刻が表現できる点に注目しています。彫刻は一切頭を使わないで、ひたすら手の持っている知性だけを頼りにします。そしてその「手の知性」というのは、シュタイナーに言わせれば、最も純粋なエーテル体の自己表現なのです。手の動きだけにひたすら頼りながら、形を造形していくときに、彫刻本来の美が体験できるのです。その方向を徹底していけば、手がエーテル体そのものになったかのように、エーテル的造形感覚、言いかえれば運動感覚を作品の中に刻印づけることができる、と言うのです。この彫刻美の体験は幼児期から十代、二十代、三十代、あるいは人生の晩年に至るまで、限りなく深めていくことができる、非常に大切な生活要素のひとつなのです。なぜならこの体験は手によって、手だけでエーテル体の育成を行なうことができるのですから。ですからシュタイナーの人智学を学ぶ講習会では、特に粘土を使った彫塑の実習を好んで行なっています。

次に絵画の問題を取り上げてみましょう。私たちがアントロポソフィア美術展の中で体験できるように、絵画はストレートに、エーテル体よりも魂そのものの、シュタイナーの言葉で言うと、アストラル体そのものの体験を与えてくれます。その場合、シュタイナーは色の世界の体験をとても大事にしています。造形体験と並んで、色の体験を重要視します。シュタイナーによれば、色の世界は四つの色の結び付きから成り立っている、と言うのです。まず第一は緑です。緑は「死の生命的な表われ」だ、と彼は考えています。つまり鉱物のような死んだ素材が生命的な力を持って甦ってくると、それが緑として、植物として現われてくるように、緑というのは、死と生命とのダイナミックな葛藤の中に現われてくる色だ、というのです。ですから肉体が緑色に変わってくると、死のイメージが非常に強くなってくるのに対して、植物の緑は新しい生命的な働きの表現になるわけです。いずれの場合も、死の生命的な現われなのだ、というのです。第二の色彩は桃色です。桃色というのは、今度は「生命の魂的な表われ」だ、とシュタイナーは考えています。たとえば赤ちゃんの持っている桜色、あるいは桃色の頬や肌は、生き生きした生命だけではなく、みずみずしい魂の働きも感じさせてくれるからです。それで生命の魂的な現われなのです。三番目の白があります。白い色は「魂の霊的な表われ」を示している、とシュタイナーは言っています。魂の世界が霊的な方向に限りなく近づくにしたがって、色の世界では白一色の世界が拡がっていく、と言うのです。そして四番目が黒ですが、黒は「霊の死の働き」だ、と言うのです。黒の中にも霊的な働きがありながら、その霊的な働きはネガティブな、死の姿をとって現われてくるからです。そしてその死の働きが生命になって、緑色になり、その生命に魂が働きかけて桃色になり、その桃色に霊が働きかけて白くなり、その白が死のニュアンスを持つことによって限りなく黒くなる、という、そういうひとつの色彩の世界をシュタイナーは考えて、これが色の影の側面になる、と言っていきます。それに対して、色には輝きの側面も存在します。色の影の側面というのは、常に平面の中で自分を表現するのに対して、色の輝きは、表面、あるいは平面に止まらず、奥行き、深みを表わします。表面あるいは平面に深みと奥行きと輝きを与える色の世界として、彼が考えていたのは三つの色です。その第一が赤、第二が黄、第三が青です。シュタイナーは、生命の輝きが赤となって現われ、魂の輝きが青となって現われ、霊の輝きが黄色となって現われる、と言うのです。この赤と黄と青が色の世界の輝きの部分で、緑と桃色と白と黒の世界がその影の部分です。その影と輝きとのさまざまな色合いによるダイナミックな結び付きの中で、絵画の世界が展開されていくのです。そういう色彩体験を持つとき、シュタイナーはそれが再び私たちのエーテル体の中に活発な養分を流し込んでくれる、と考えています。

同じような考え方からしますと、絵画の世界だけでなくて、さらに音楽の世界にも同じことが言えますが、音楽になると、シュタイナーにとってはさらに重要な体験が結び付いてきます。シュタイナーは、そもそも音楽はこの世のすべての存在物の中で最も霊界に近い在り方をしている、と考えています。音楽を本当に、集中的に体験できたとき、もはや理論としての「人智学」はいらなくなってしまうだろう、とも言っています。今日の文化がこれまで創り上げてきた音楽の中に、シュタイナーの言う人智学のすべてがすでに音として表現されている、と言うのです。音の流れの中にはエーテル体そのものが生きて働いています。シュタイナーは自分の体験のことだと思いますが、次のような体験を語っています。ある晩、コンサートに出かけていって、音楽を集中的に聴いた後で、眠りに就いたとき、眠っている中で、彼のエーテル体の響きのハーモニーやメロディーやリズムが、前の晩に集中的に聴いた音楽（どういう音楽かについては何も言っていませんが）、その音楽のメロディーやハーモニーやリズムとひとつに結び付いて、信じられないような昂揚した一晩を体験することができた、と言うのです。もちろん、その体験は眠りの中で体験されたわけですけれども。そして驚いたことに、次の朝、目が醒めたときに、今までにはなかったような、非常に生き生きとした存在感を伴った喜びが体験できた、と言うのです。きっと音楽の好きな人だったら、こういう体験は、いろいろな形で持っていると思います。

そのような場合、音楽体験はエーテル体の流れとほとんどひとつになっているので、現実の音楽の流れに没入するとき、運動感覚が非常に刺激されます。そしてそういう音楽体験が、今度は言葉と結び付きますと、叙事詩、抒情詩、ドラマという形をとるので、叙事詩も抒情詩もドラマも本質的に、ニーチェが述べているように――『音楽の霊からの悲劇の誕生』という本で論じられています――、音楽の霊の働きを受けて生まれてくるのです。詩文を悟性魂で解釈するのではなく、その文のリズム、メロディー、ハーモニーを音楽的に聞き取るとき、初めて、言語芸術がエーテル的に甦ってくる、と言うのです。いかに言語を音楽に近づけて体験するか、ということです。そうしますと、たとえばドラマの登場人物は人間ではなく、人間の心の中に生きているさまざまな働きのように思われてきます。それらの働きが神々となって姿を現わすのがドラマなのだ、ということにもなります。実際、ギリシア悲劇の登場人物というのは、ギリシア人にとってはすべてがディオニュソスだったのです。それと同じように、現代の演劇の中に出てくる登場人物の一人一人も、人間の内部に生きている神、つまり古代ギリシア人の言うディオニュソスが、人間を通して自分を顕現させている、とも言えます。したがってドラマの主人公が発する言葉は、ディオニュソス的な体験そのものを表現している、と言えます。叙事詩や抒情詩では、逆に、天上の神々、たとえばアポロンが詩人に憑依し、詩人を通して、この世を語り、この世の出来事について判断を下すのです。本当に優れた詩に接すると、多かれ少なかれ、そういう形で神々の働きを体験できる、と言うのです。ですからこの場合にも、言葉を通して、地上の現実、あるいは日常の現実から遥かな神々の世界への超越、あるいは解脱の体験になり、喜びになるのです。それによって、われわれのエーテル体も浄化を受けるのです。

最後に運動芸術についても簡単に触れておきますと、同じように舞踊あるいは舞踏、所作、パントマイムあるいは身振りは、人間の中に働いているエーテル体の意味を暗示しようとしている、とシュタイナーは考えています。たとえば話をしていて、その話だけではどうもうまく相手を納得させられないようなときに、何とか手振りでそれを補足しようとしますが、それが所作の一番基本的な形になるわけです。さらに言葉を発しないで、身振り手振りだけで表現しようとすると、つまり言葉にならない何かを表現しようとしますと、それがパントマイムになる、とシュタイナーは言っています。身体に受肉した魂が感動し、身体がそれを表現せざるを得なくなり、しかも言葉ではとても表現し尽くせないので、身体全体が過剰な魂のエネルギーを激しい動きの中で表に現わさざるを得なくなると、そこに舞踏が生じます。舞踏は過剰になった魂の自己表現である、とも言えます。その過剰になった魂の自己表現と、それから言葉にならないエーテル体の意味を暗示しようとする身振り手振りとの間に、オイリュトミーがある、とも言えます。そしてオイリュトミーでも、舞踏でも舞踊でも、あるいは所作でもいいのですが、私たちが自分の身体をひとつの楽器のようなものにして、自分の存在の内的な意味を表現できるようになると、そこにダンスが、運動芸術が生まれるのです。

以上ごく大雑把に、芸術のジャンルについて述べてきました。それらの一つ一つをシュタイナーは大切にして、本来の芸術としても、あるいは治療の手段としても取り上げました。それらは結局、シュタイナーにとっては芸術体験にとどまらず、同時に——初めに言ったことに復るわけですけれども——存在を認識するための大きな認識の手段でもあったのです。意識魂が外の世界を認識しようとするとき、その認識の在り方は自ずと芸術的な型式を取らざるを得なくなり、悟性魂が外の世界を知ろうとするときには、論理的、合理的な形を取らざるを得なくなります。そしてそれらが両立するとき初めて、芸術と従来の科学とがひとつに結び付く可能性が出てきます。決してそれらは二つの別な事柄なのではなく、同じひとつの精神の営みの二つの側面を表わしているのです。この点からシュタイナーは未来の文化を芸術的に再構成しようとしたのです。

もちろん今申し上げましたような問題点はすべて決して簡単な事柄ではありません。ある人は絵を描き、ある人は建築を構想し、ある人は詩を作り、ある人は人と付き合い、別の人は家事にいそしみます。そういう個々の作業の中で自分の外にあるものと自分の内にあるものとを結びつけて、新しいものを産み出していきます。そういう体験をそれぞれが持つときに、新しい時代への準備をそれぞれが意識魂の人として行なっているのです。新しい時代への関わりは、今言いましたように、特定の芸術のジャンルの中だけでなく、人生のすべてにおいても存在します。たとえば日常の生活における生活芸術として、あるいは宗教生活における宗教芸術として、あるいは人との付き合いにおける社会芸術として、そして「教育芸術」という言葉もシュタイナーは好んで用いています。人生のあらゆる分野、あらゆる側面で、今言いましたような芸術的なものが、その都度自分自身の中から産み出されていくのです。そういう仕方で、芸術が生活の中に入っていけばいくほど、その生活が認識の問題と結び付き、自分が何ものであるかを、自分が納得できるような仕方で、認識できるようになってくると、すでにその人は、シュタイナーの言う「人智学」的な生活を送っていることになるのです。その人智学とは、以上に述べましたような意味での、全く開かれた世界体験のことです。暗い密室で、特定の人が行なう魔術的な儀式の上に成り立つようなものではないのです。

しかしその分だけ、シュタイナーの人智学は自分自身に大きな課題を課すことになりますし、同時にその成果は、毎日毎日の生活の中に直接返ってくるようなものなのです。ですから地上の世界から離れて、空中に漂うのではなく、逆に今言いましたような仕方で、限りなく地上の世界との結び付きを深めていくのです。それがシュタイナーの人智学だと思います。

以上で「シュタイナーの神秘学と芸術」という話を終わりたいと思います（拍手）。

新版へのあとがき

このたび若松英輔さんと内藤寛さんのおかげで、亜紀書房から二十一世紀二〇年代に、あらためて本書を世に問うことができ、とても感謝しております。

学生運動、三島由紀夫の自決の余韻がまだ残っていた八〇年代前半に本書の立場を語ることには特別の思いがありました。十代後半にヘルマン・ヘッセの『デミアン』を読んで以来探し求めていた思想にやっと出会えたことを、教育問題を通して語ろうとしていました。今あらためて本書を読み返して、その頃の思いをとても強く感じさせられました。あれから四十年経った今、時代の危機的状況はもっと深刻になっています。若松さんにこの本の意味を認めていただけたことに、あらためて感動しております。

二〇二二年八月十二日

高橋巖

解説——存在の秘義を求めて

若松英輔（批評家）

現代においては、さまざまな事象が情報化される。そして人々は、情報化されたものを確かなものとして受け容れる傾向がある。その情報が虚偽的な場合もある。部分的、断片的、あるいは偏見的であることもあるだろう。それらを受容することが危険をはらんでいることを知りながら、情報の波に飲み込まれていく。それが現代生活の特徴なのではないだろうか。

シュタイナー教育の創始者ルドルフ・シュタイナーは、情報を鵜呑みにするのとは別な道を歩んだ。そして、その可能性を一人でも多くの人に呼びかけようとしてその生涯をささげた。彼は、世の人からみれば、「不確か」だと感じられるものの奥に真理へと通じる道を探ろうとした。そうしたシュタイナーの生きる態度をめぐって著者は次のように述べている。

シュタイナーにとって、真理は不確かなものなのです。手探りで、不確かさの中で一生懸命真理を探りあてようとする行為の中に、本当の真理の光というものが現われてくるのであって、確かさの道の上に、既成のものとして、真理があるのではないのです。

（本書一一〇頁）

この一節は、シュタイナーの思想だけでなく、教育とは何かを考える上でも重要な道標になる。学ぶとは、「確かさの道の上に、既成のもの」を摂取することではなく、「不確かな」世界との関係、あるいは自己、さらにいえば大いなるものとの関係の中に真理への道を探すことだった。先の一節に「手探り」という言葉があった。シュタイナー教育において重要なのは誰かが決めた「解答」ではない。個々の人間が、その場に全身を賭して行う持続的な「応答」なのである。すなわち「手応え」を深めることこそ、シュタイナーが教育の眼目として考えたことだった。

ルドルフ・シュタイナーの著作を読んだことがなくても、「シュタイナー教育」という言葉を耳にしたことがある、そんな人は少なくないのではないだろうか。『モモ』や『はてしない物語』の作者であるミヒャエル・エンデとの関係でシュタイナー教育を知ったという人もいるかもしれない。ただ、シュタイナー思想において、教育は最重要の主題だが、それにすべてがあるわけではない。彼は独創的な教育家だったが、同時に医学、農業、経済学、芸術学、建築学、文学、哲学、宗教に至るまで、その営みの射程は広がっていった。それは単に拡張、拡散したのではない。それぞれの分野で創造性を開花させながら、存在の淵源に帰っていくように深化していったのである。

本書で著者が語る「教育」も、こうした数々の創造的営為とのつながりのなかにあるものであることも忘れてはならない。この本でも繰り返し語られているように、シュタイナー教育の現場は、学校という共同体には限定されないのである。むしろ、今日、この本がよみがえる意味は、学校を離れている人々にとって、どのように「自己教育」を深めていくかという問題において重要な指針を含んでいることにあると考えている。

この本の初版が世に送られたのは一九八四年、およそ四十年ほど前だが、当時に比べればシュタイナー教育の認知度は歴然と高くなっている。しかし、多く、あるいは広く知られるということと、その本質が伝わることは同じではない。シュタイナー教育に「ついて」は、知る人が増えたかもしれない。しかし、その本質をめぐって、となると時間の経過に比例して、認識が深まったとは断定できない。それは、ある小説のあらすじはよく知られていても、必ずしもその深みにあるものが読者に受け止められているとは限らないのと似ている。

本書はもともと角川選書の一冊として、長く版を重ねてきた。今回はそれを増補する形で、一九八四年三月三日、鎌倉市中央公民館ホールで行われた講演「シュタイナー神秘学と芸術」の記録を収めた。この講演録はもともと、雑誌『リーリエ』（全八号）の四号に掲載されていた。

この雑誌は著者を中心とした人智学運動の機関誌である。出版社が作成したのではなく、有志が自主的に制作しているのだが、誌面を一瞥しただけで、現代では容易に感じることのできない熱情がそこに刻まれていることが分かる。この雑誌を作成した人たちはもちろん、これを読む人たちが、単なる好奇心でシュタイナー思想に向き合っていたのではないことも伝わってくる。人々は、自己の存在の根源につながるものを探求し、そして探究する道程でシュタイナーに出会ったのである。著者である高橋巖は、そうした精神運動の中核にいた。そして、今もそうあり続けている。

本書は、日本におけるシュタイナー教育の「方法」というよりは「本質」をめぐるさきがけとなった一冊だった。教育における「方法」が重要なのはいうまでもない。著者は、この本のあとに同じ版元から『シュタイナー教育の方法』という著作を出している。だが、教育においては、本質認識が深まらないまま、方法が広まっていくことは、必ずしもよいこととはいえない。シュタイナー教育の本質とは何か、著者は、本書の「あとがき」で次のように述べている。

シュタイナー教育の社会的意味は、ひとりひとりの人間がどんなにかけがえのない、貴重な存在であるかを、教育を通して実感できるようにすることにある。（本書二四八頁）

シュタイナー教育は個性や特性、あるいは学びの主体性を重んじている教育法として知られている。ただ、著者が考えるシュタイナー教育は、そこに留まらない。さまざまな科目、あるいは技術を学ぶだけでなく、「ひとりひとりの人間がどんなにかけがえのない、貴重な存在であるか」という認識を「知る」だけでなく、全身全霊における認識に及ばねばならないというのである。

「宇宙におけるかけがえのない存在としての人間の在り方」（本書一〇一頁）あるいは、「かけがえのない自分」（本書一五八頁）というように本書には一度ならず「かけがえのない」という表現が用いられる。しかし、現代人はいつからか、自分の「かけがえのなさ」を疑うようになった。ほかの誰も批判しない日常でも、自分が自分を批判せずにはいられないという人も少なくないのではないだろうか。「自分の魂は何か高貴な、物質を超えたある本性を担っている、と感じていながら、しかもそういう感じを自分の理性が否定している」（本書七五頁）と著者は書いている。

人間における「かけがえのなさ」は「物質によって生み出されているだけの存在ではありえない」（本書七五頁）という自覚にある。物化され得ず、けっして量化され得ない存在、つまり、絶対的に質的存在であることの再認識にある、といってもよい。

シュタイナー教育は、真に「かけがえのない」ものを見通す眼を開こうとする。だが、そうした眼は、いわゆる知性の鍛錬だけでは実現されない。むしろ、知性に偏った「勉強」は、有用なものには開かれていても「かけがえのなさ」には閉ざされている場合も少なくないことを私たちは経験的に知っている。

現代日本における教育の主軸は、知性にある。個性化教育という言葉もあるが、そうした試みも一定の水準の知的理解の上に置かれている標語に過ぎない。知性は重要である。しかし知性は、理性、感性、そして霊性とともにあるとき、初めてそのはたらきを十分に行い得る。知性は独歩するとき、創造的であるよりも破壊的にすらなり得ることは歴史が証明している。

シュタイナー教育においては、知性にだけ呼びかけるようなことはしない。身体と心（精神）はもちろん、その奥にある魂、あるいは霊における教育を重んじる。むしろ、魂と霊の開花なく、身体と心（精神）に教育が集中することを警戒する。

魂という言葉は、さまざまな解釈を可能にする。だが、著者は本書でシュタイナーにおける魂にふれ、「われわれにとってのかけがえのないわれわれ自身だけに通用する世界を一言で魂といっているわけです」（本書一七四頁）と述べる。人は誰も、人間を超えた大いなるものを除いては、容易に入り込むことのできないもう一つの世界を有している、というのである。

もしも、それぞれの人間が固有の魂の世界、魂という内なる「国」を有しているのだとすれば、人は誰も二つとない「国」の王である、ということにもなる。人は誰かと向き合うとき、互いに、その内なる「王」に礼節を尽くすように遇さなくてはならない、ということにもなるだろう。

魂には三つのありようがある、とシュタイナーは考えた。「感覚魂」「悟性魂」そして「意識魂」へと段階的に深まっていく。シュタイナー教育とは、この三つの魂の段階を実感じ、最終的な姿である意識魂であることの可能性を開花させていくことにある。「意識魂とはわれわれが現在持っている魂の在り方です」と語ったあと、著者はこう言葉を継いだ。

その在り方の基本はわれわれ一人一人が他の人間と違った、かけがえのない存在だということです。自分がかけがえのない存在だから、外にもいろいろなかけがえのないそれぞれの個性を持った人たちがいて、どの人も、他の人ではその代わりをすることができないような何かを持っている。自分も他人もどんな別の人とも違う何かを持っている。そう感じる魂です。

（本書一八七－一八八頁）

自己の魂を感じることと他者の魂を感じることは別な問題ではない。そして、魂こそ、世に二つとない「かけがえのない」存在の象徴にほかならない。

魂は――もちろん霊も――誤解、誤認を引き起こしやすい表現である。著者はこのことを承知でこれらの言葉を用いる。魂という言葉を受け容れる人でも「霊」という言葉には抵抗があるかもしれない。だが、著者はそのことを十分に認識したうえで、その一語を選んでいる。その理由にふれ、著者は「霊的という言葉には非常に違和感があるわけです」と語ったあと、こう続けている。

しかし違和感があるからこそ使う必要があるのです。それを違和感のない言葉に置き換えて、例えば心理的とか、精神的とか言うとしますと、皆さんの常識がそれを肯定してしまうわけです。そうしたらこれから言おうとすることはあまり意味のないことになってしまいます。

（本書二〇九頁）

霊だけでなく魂も、人間存在の根柢に連なるものだといってよいが、人はその本質を容易に知ることはできない。しかし、私たちはそれが別の言葉によって置き換えられると分かったような気になる。そして、分かったと思い込んだことはそれ以上、探究することはないのである。また、分かったと感じたことを私たちは、ほとんど無反省に概念化する。ここでいう概念とは、シュタイナーが重んじた「生ける概念」ではない。彼が遠ざけた「死せる概念」である。

人間を概念化することほど恐ろしいことはない。そうした場所では、質的存在は簡単に量化される。今日の教育現場で、広く用いられる「人材」という言葉も概念化の結果生まれたものなのだろう。人間が「材料」の一種ではないことは誰もが知っている。しかし、多くの教育現場では「人間教育」ではなく「人材教育」という言葉が、伝染病のように広まっている。時代の価値――永遠なる価値ではなく――に合致したのがよい「人材」だというのである。このとき人は、すでにシュタイナーのいう魂と霊を宿した存在ではなくなっている。

シュタイナー思想は「人智学：Anthroposophie（アントロポゾフィー）」と呼ばれる。「アントロポス：anthropos」はギリシア語で「人間」を意味する。そこに叡智を指す「ソフィア：sophia」がつながったものが人間叡知学、すなわち「人智学」である。シュタイナーの眼はいつも、真の意味での「人間」に注がれている。シュタイナー教育の現場からは「人材」という人間の尊厳を破壊するような表現は生まれない。なぜなら、シュタイナーにとって「ギリシア語のアントロポスとは、自分の存在の根拠をより高いところに求めようとすることを意味する言葉」（本書一〇〇―一〇一頁）だったからである。

互いが、真の意味において「アントロポス」であることを認め合うところにシュタイナー教育の原点があり、究極点がある。そのために私たちが養っていかなくてはならないのは、畏敬の念と愛であると著者はいう。

魂の衛生学の第一条件は、畏敬の念を持つことだ、というのです。朝から晩まで畏敬の念を持つのではなく、一日のうち五分でもいいから、畏敬の念を実感として持てる時間を自分の中に作るのです。

（本書一三九頁）

この一節は、シュタイナー教育の教師に求められる魂のありようをめぐって述べられているのだが、「魂の衛生学」、すなわち、魂を健やかに保つ技法は、人間を「人材」と同一視することが随処で行われている現代では、多くの人が身につけておいた方がよいものでもあるのだろう。次の一節もシュタイナー教育に携わる者たちの精神態度をめぐって書かれているのだが、この言葉はそのまま、自己の存在の秘密を学ぼうとするすべての人が改めて味わいなおしてよい。ここでの「仕事」は、「自己教育」という言葉に置き換えても何ら問題がないからである。

それは自分にとって、何という大きな仕事であることか、という一種の祝祭的な気分が生じてこなければなりません。今自分がやろうと思っているのは最も日常的な行為のように見えるけれども、本当は最も非日常的な、祝祭的な行為なのだ。それは今まで別な世界で神々や天使たちが行なっていたことを、今自分が神々や天使に代わってやろうとしているのだ、という感じ方です。

（本書一一六－一一七頁）

学ぶとは、自己と世界に聖なるものを発見しようとしていく道にほかならない、というのである。そして、人は、学ぶことによって、世界――歴史と未来を含む――と自己を真の意味で受容するのである。

元版の最終章で語られるのは「カルマ」という問題である。現代人は「カルマ」と聞くと、不可避的に背負わなくてはならない不幸の原因のように感じる人もいるかもしれない。あるいはシュタイナーの著作にふれないまま、「カルマ」を語る人という理由でシュタイナーを遠ざけている人もいるだろう。だが、シュタイナーがいう「カルマ」は、そのように皮相的なものでも、短絡的なものでもない。この問題にふれて著者は明瞭な言葉を残している。

カルマについて、シュタイナーは非常にはっきりした定義をしております。つまりカルマとは「霊的因果律である」と言うのです。霊的な次元での因果関係です。そういう言い方をしますと、普通、人は霊的という言葉にあまりなじんでいませんから、この言葉だけで既に何か違和感を感じて、「霊的因果律」という考え方にはとてもついていけない、と思うでしょう。けれども霊的という、いわば学問的には聞き慣れない言葉を意識的に使うことがシュタイナーの思想を理解するのに必要なことなのです。

（本書二〇八頁）

もしも、「霊的因果律」が存在しないなら、人は、歴史との対話を真摯に行うこともないだろうし、また、全身を賭して祈ることもないだろう。シュタイナーのいう「カルマ」とは、個人を超えた生の場に送られた試練であり、道標にほかならない。人は「カルマ」に隷従することを求められていない。それと対話し、ときに対決することが求められている。ここでも重要なのは「解答」ではなく、「応答」なのである。

増補する作品として、先に挙げた講演「シュタイナー神秘学と芸術」を選んだのは、内容的にも本書を増補するものだからでもあるが、著者が、本書の「あとがき」でもふれているように八〇年代の空気を濃厚に伝えるものだからでもあった。あの時代、一群の人たちは、人間は、単に動物の一種であるだけでなく、神々ともつながる霊妙なる存在であることを文字通りの意味で探究していた。存在しているとは、ある種の奇蹟であることに気が付いていたのである。

こうしたことを探究することは、人を現実ばなれした場所へと導く、と感じる人もいるかもしれない。しかし、著者が私たちを案内しようとするのは、そうした貧しい意味での空想的な場所ではない。この講演録の最後で語られた言葉は、本書だけでなく、人智学を、そして真の意味における神秘学を学ぶ者にとっての重要な視座をもたらすものになるだろう。

しかしその分だけ、シュタイナーの人智学は自分自身に大きな課題を課すことになりますし、同時にその成果は、毎日毎日の生活の中に直接返ってくるようなものなのです。ですから地上の世界から離れて、空中に漂うのではなく、逆に今言いましたような仕方で、限りなく地上の世界との結び付きを深めていくのです。それがシュタイナーの人智学だと思います。

（本書二八九－二九〇頁）

シュタイナーの思想は、神秘を否定しないどころか、それを重んじる。しかし、彼にとって神秘とは、語って終わりにできるものではなかった。むしろ、生きることによって深められ、生きたものになる経験だった。同時にそれは、人間に深甚（しんじん）な畏怖と愛をもたらす出来事でもあったのである。

本書は、一九八四年に刊行された『シュタイナー教育入門 現代日本の教育への提言』（角川選書）に、「シュタイナー神秘学と芸術」（アントロポソフィア美術展記念講演、一九八四年三月三日、鎌倉市中央公民館ホール。「リーリエ 4号 高橋巖講義録」第4号、一九八四年所収）を加え、若松英輔氏の解説を付して編んだものです。

高橋 巖 たかはし・いわお

東京・代々木生まれ。ミュンヘンでドイツ・ロマン派美学を学ぶなか、ルドルフ・シュタイナーの思想と出会う。1973年まで慶應義塾大学文学部で美学と西洋美術史を担当。その後シュタイナーとその思想である人智学の研究、翻訳を行う。

著書に『ヨーロッパの闇と光』（新潮社）、『シュタイナー哲学入門』（岩波現代文庫）、『シュタイナーの人生論』（春秋社）、訳書にシュタイナー『神智学』（ちくま学芸文庫）、シュタイナー『ニーチェ――みずからの時代と闘う者』（岩波文庫）その他多数。

若松英輔 わかまつ・えいすけ

1968年新潟県生まれ。批評家、随筆家。

2007年「越知保夫とその時代 求道の文学」にて第14回三田文学新人賞評論部門当選、2016年『叡知の詩学 小林秀雄と井筒俊彦』にて第２回西脇順三郎学術賞受賞、2018年『詩集 見えない涙』にて第33回詩歌文学館賞詩部門受賞、『小林秀雄 美しい花』にて第16回角川財団学芸賞、2019年に第16回蓮如賞受賞。近著に『詩集 美しいとき』『いのちの秘義―レイチェル・カーソン『センス・オブ・ワンダー』の教え』『霧の彼方 須賀敦子』など。

叡知の書棚01

シュタイナー教育入門
――現代日本の教育への提言

二〇二二年十月四日　第一版第一刷発行

著者　高橋巖
監修・解説　若松英輔
発行者　株式会社亜紀書房
〒一〇一−〇〇五一
東京都千代田区神田神保町一−三二
電話〇三（五二八〇）〇二六一
〇三（五二八〇）〇二六九（編集）
https://www.akishobo.com
装丁　たけなみゆうこ（コトモモ社）
装画　狩野岳朗
印刷・製本　株式会社トライ
https://www.try-sky.com

Printed in Japan
ISBN978-4-7505-1757-5 C0010

叡知の書棚

日本精神史の埋もれた鉱脈を掘り起こす復刊シリーズ、創刊。
監修・解説　若松英輔

宗教とその真理

柳宗悦

柳にとって重要だったのは、美は、人間を救い得るかということだった
——若松英輔

神秘思想への考察を深めたのち民藝運動を立ち上げた知の巨人による記念碑的な宗教哲学書。

二八〇〇円＋税／四六判上製／四三〇頁